L'ART DU CHANT

ET

L'ECOLE ACTUELLE

CHARLES DELPRAT

L'ART DU CHANT

ET

L'ÉCOLE ACTUELLE

DEUXIÈME EDITION

Revue et augmentée

PARIS

LIBRAIRIE INTERNATIONALE

15, BOULEVARD MONTMARTRE

A. LACROIX, VERBOECKHOVEN & Cᵉ, ÉDITEURS

A Bruxelles, à Leipzig et à Livourne

1870

L'ART DU CHANT

PRÉLUDE

Il n'entre pas dans le plan que je me suis tracé en écrivant ce travail, de m'occuper de l'histoire du chant proprement dite ; cela demanderait un développement qui n'aurait, d'ailleurs, aucun rapport avec le sujet dont je veux parler. Je crois cependant utile, sous forme de prélude, de consacrer quelques lignes à décrire les différentes phases par lesquelles a passé l'art du chant depuis que l'on en a fait une application régulière et une étude spéciale.

Pendant les huit premiers siècles de notre ère, le *plain-chant* ecclésiastique, emprunté à la liturgie des Grecs, a été le seul genre de musique vocale connu. Ce n'était alors qu'une psalmodie monotone sans rhythme, sans mesure, sans précision et sans base tonique bien arrêtée. Peu à peu, les chanteurs introduisirent dans le *plain-chant* des variantes et des agréments de fantaisie qui lui firent perdre de sa forme primitive. Les théoriciens orthodoxes du temps s'élevèrent avec violence contre ces innovations ; mais le premier pas vers des idées nouvelles était fait, et l'on commença dès-lors à comprendre la nécessité du rhythme et de la mesure.

De progrès en progrès, on arriva à composer des mélodies qui laissaient déjà bien loin derrière elles les vieilles traditions du passé, et dès le XVIᵉ siècle on voit apparaître, en effet, des chansons originales, des airs de danse, des compositions à plusieurs parties, et, finalement, la création du drame lyrique à deux voix, *soprano* et *ténor* (1).

(1) Ce ne fut qu'au début du 18ᵉ siècle, à l'époque de Pergolèse, que l'on forma des combinaisons d'ensemble dans lesquelles entraient les voix de basse.

Les combinaisons harmoniques étaient, à cette époque, à peu près inconnues; la mélodie elle-même se bornait, en général, à un récitatif déclamatoire et pompeux dont le talent personnel et les *fioritures* des chanteurs faisaient tout le succès. La partie de *soprano,* primitivement chantée par des femmes et des enfants, fut bientôt confiée à des *sopranistes,* voix d'hommes *d'une espèce particulière.* — Ceux-ci prirent dès-lors en Italie, en Espagne et même en Allemagne, une prépondérance considérable comme chanteurs. — Cinquante ans plus tard on les voyait sur tous les théâtres d'Italie, et remplacer enfin, dans la chapelle sixtine à Rome, les enfants et les *hauts-ténors* ou *contraltini,* qu'on appelait aussi *falsati,* parce qu'ils étaient exercés, en imitation des voix de femmes, à toujours chanter en voix de *fausset aigu.* — Rossi fut le premier *sopraniste* admis à la chapelle papale en 1601.

Les longues études vocales de ces *sopra-*

nistes (1), qui possédaient, pour la plupart, une voix fraîche, sonore, flexible, éclatante et rompue à toutes les difficultés de la plus parfaite vocalisation, étaient confiées à des maîtres habiles et conduites par eux avec des soins extraordinaires.

C'est à cette époque que remonte la création de cette excellente école italienne qui a servi de modèle et de type à toutes les autres. C'est par elle qu'ont été formés des virtuoses inimitables, tels que Caffarelli, Giziello, Farinelli, Marchesi, Bernachi, Pacchiarotti, dont les noms demeureront à jamais célèbres dans l'histoire du chant. Crescentini et Velutti, qui chantaient encore à Londres en 1826, furent les derniers de leur espèce. — C'est à cette même école illustre, et si dégénérée aujourd'hui, que se formèrent des talents de femmes d'une admirable beauté : la Mingotti, la Faustina, la Gabrielli, la Grassini ; on peut même ajouter que la Gafforini, la

(1) Ces études duraient ordinairement pendant dix ou douze ans.

Malanotte, la Marcolini, la Mariani, Mme Pisaroni, l'incomparable contralto, Mme Pasta et même Mme Malibran ont puisé à la même source, à la même école les grandes et éminentes qualités de vocalisation et de style qui ont fait leur légitime et immense célébrité.

Si je n'ai pas mêlé le nom de Mme Catalani à tous ceux dont je viens de parler, c'est qu'elle fut plutôt « une merveille de la nature qu'un produit de l'art », comme le dit avec juste raison un savant critique dans la biographie qu'il a écrite de cette chanteuse incomparable.

Mme Angelica Catalani était née en 1779, à Sinigaglia, petite ville des Etats Romains. Son père, juge de paix de l'endroit, résista longtemps au goût de sa fille pour le chant. Il y consentit cependant et confia l'éducation musicale d'Angelica aux soins du célèbre *sopraniste* Marchesi, qui, en 1795, après deux ans d'étude, la fit débuter à l'âge de 16 ans sur le théâtre de la Fenice à Venise, où elle obtint un succès presque sans exemple.

A une rare beauté physique, Mme Catalani joignait tous les avantages que donne une voix incomparable par l'étendue, le timbre, la flexibilité, et, de plus, enrichie des ressources inépuisables d'une vocalisation véritablement prodigieuse — Après avoir triomphalement parcouru l'Italie, elle accepta un engagement au théâtre de Lisbonne où elle eut la bonne fortune de rencontrer la célèbre Gafforini, contralto admirable, et le non moins célèbre chanteur Crescentini, le dernier des *sopranistes*. Les leçons qu'elle reçut de celui-ci eurent surtout pour elle une inappréciable valeur.

C'est à Lisbonne qu'elle épousa M. de Valabrègue, aide de camp du général Lannes (1). Elle en repartit en 1806 pour parcourir l'Europe où l'attendaient des succès dont rien ne peut aujourd'hui donner une

(1) Quoique mariée, elle conserva toujours comme artiste son nom de famille.

idée, et qui l'ont accompagnée sans interruption jusqu'à la fin de sa longue et glorieuse carrière artistique.

Mme Catalani était une faible musicienne, mais en revanche sa vocalisation approchait du prodige. Elle variait peu son répertoire, mais ce qu'elle savait une fois elle le savait bien, et elle le chantait d'une manière inimitable ; toutefois elle fut bien plus une chanteuse de concert qu'une grande artiste au théâtre. — La scène l'intimidait et la gênait aussi dans les inépuisables fantaisies de son gosier.

Retirée dans une terre qu'elle possédait près de Florence, elle vint à Paris auprès de ses enfants pour fuir le choléra qui régnait en Italie. — Le fléau qu'elle redoutait, et qui l'aurait peut-être épargnée à Florence, l'atteignit à Paris, où elle mourut le 12 juin 1849 à l'âge de 69 ans.

L'histoire de la musique lyrique, intimement liée à celle du chant dont nous venons de parler, peut se diviser en trois périodes très-marquées. — Dans la première, celle de Scarlatti, de Léo, de Durante, de Porpora, de Jomelli, qui occupe la première moitié du xviiie siècle, le chant adopte un genre plus pompeux que mélodique, et plus propre à embarrasser l'oreille par la complication de ses formes qu'à la charmer par la simplicité et la clarté du style. La seconde période, celle des Piccini, des Sacchini, des Guglielmi, des Cimarosa, des Paesiello, est incontestablement pour l'Italie la plus belle de toutes par la richesse, la beauté, la suavité de la mélodie jointe aux plus merveilleusses combinaisons de l'art. C'est aussi pendant cette période illustre que l'on vit apparaître les virtuoses admirables dont nous avons parlé, et qui portèrent, en Italie, l'école du chant au plus haut degré de perfection.

A la troisième période qui fut celle de Haydn, de Gluck et de Mozart, appartiennent aussi les grands compositeurs de l'école moderne de tous les pays, et à la tête de laquelle figure Rossini en première ligne. — C'est cette troisième période qui, en agrandissant la forme du drame lyrique, renferma en même temps l'orchestre et les voix dans un même cadre où tout se lie et se tient. Si l'on ne vocalise plus comme au temps des Cimarosa et des Paesiello, en revanche, les chanteurs occupent aujourd'hui une place bien plus importante qu'autrefois dans la combinaison générale d'un opéra. La partie chantée et celle de l'accompagnement sont absolument inséparables l'une de l'autre, et exigent dans l'exécution une régularité et une précision dont on faisait moins de cas au temps de la grande vocalisation indépendante (1).

Quoiqu'il en soit, et malgré la juste admiration que réclament les splendides et immortelles créations de l'école moderne, on ne peut s'empêcher de reconnaître cependant que le rôle attribué aux voix

(1) Les chanteurs d'alors dénatureraient quelquefois tellement la musique par leurs ornements et leurs fioritures, qu'il ne restait bien souvent presque rien de la pensée de l'auteur. — « Chante ma musique et non la tienne, ou je te passe mon épée au travers du corps » dit un jour le célèbre et irascible Guglielmi à un de ces impitoyables brodailleurs.

dans les grandes compositions lyriques actuelles, ne dépasse quelquefois leurs ressources naturelles. Il résulte de là, que les chanteurs deviennent ou insuffisants pour y répondre ou qu'ils perdent souvent les plus belles qualités de leurs voix s'ils le font. A ce grave inconvénient vient se joindre un second non moins grand, c'est l'habitude de l'exagération dans le chant, et qu'on apporte ensuite indistinctement dans l'exécution de tous les genres de musique, même dans ceux dont la beauté réside bien plus dans le charme, le goût, le sentiment et l'expression de la voix que dans la puissance du son. J'examinerai en détail cette question importante des méthodes actuelles, qui, après les avoir brisés avant le temps, ont jeté tant de chanteurs hors du chemin des bonnes traditions.

On prétend, je le sais, que les bonnes traditions de la grande école italienne sont perdues ; c'est une erreur, et il ne faut que le vouloir pour les remettre en pratique, car rien n'est plus simple que les moyens dont

on doit faire usage pour y rentrer. Ce qui
embarrasse la route, ce sont les inextricables complications dont on surcharge aujourd'hui les études du chant, l'incohé-
rence de certains systèmes, la multiplicité
des méthodes scientifiques et autres. Ce qui
manque, c'est le temps qui a une si grande
valeur aujourd'hui où l'on veut arriver vite;
son emploi rapide dans l'éducation vocale
force les voix à un exercice exagéré et souvent fatal. Ce qu'il y a de trop, c'est la
quantité innombrable de professeurs inhabiles, privés d'expérience personnelle et ne
connaissant aucune des ressources mécaniques du chant. Ils abusent le plus souvent des moyens que possèdent leurs
élèves, ou bien ils ne tirent aucun parti des
ressources précieuses dont ils disposent.
C'est à la réunion de ces différentes causes
qu'il faut attribuer l'état déplorable dans
lequel est tombée l'étude du chant.

Toutes ces questions ont une grande
importance et c'est à les examiner sérieusement que je consacre ce travail.

L'accueil extrêmement flatteur qu'a obtenu la première édition publiée dans le
courant de l'année dernière, m'a engagé
à en faire paraître une seconde.

Sans rien changer à mes idées et à
mes principes contenus dans la première,
j'ai cependant cru devoir donner dans
cette seconde édition plus de développement à certaines questions essentielles, et
dont un examen plus détaillé m'a paru
offrir de l'intérêt.

Un chapitre particulier au Conservatoire
de Paris a été ajouté. Il traite d'une manière spéciale des réformes projetées dans
le règlement de cet établissement, et dont
le dernier concours général a démontré
l'utilité.

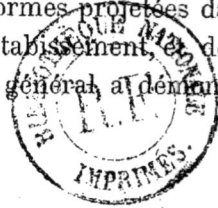

CHAPITRE I.

LE GENRE DE DUPREZ

ET CELUI DE L'ÉCOLE QUI PRÉTEND L'IMITER

> « Depuis Duprez, l'opéra se trouve dans une
> » situation si triste qu'on ne peut plus exécuter,
> » d'une manière complète, même les ouvrages
> » contemporains .. Qui aujourd'hui se donne la
> » peine d'étudier un morceau, d'en saisir la phy-
> » sionomie générale, d'en marquer les points
> » lumineux et de le manier dans ses moindres
> » détails .. On ne sait plus vocaliser, on ignore
> » l'art si difficile des demi-teintes ; on n'emploie
> » que deux couleurs, que deux effets, le blanc et
> » le noir, le *piano* et le *forte*..... »
>
> (P. Scudo, *Crit. litt. et mus.*, 1859).

A aucune époque l'art dramatique, mais
surtout l'art lyrique, n'a été aussi généralement répandu qu'aujourd'hui. — Les plus
petites villes possèdent des salles de spectacle,
et ont, sinon d'une manière permanente, du
moins par intervalles, des troupes dramati-
ques qui abordent à peu près tous les genres.
— Il existe par conséquent pour cette grande
exploitation théâtrale des quantités considé-
rables d'acteurs et d'actrices de talents bien
divers. Et cependant, malgré cette énorme

2

légion d'artistes, combien peu en voit-on qui
parviennent à se faire un nom de quelque valeur, surtout dans le chant qui est la partie la
plus difficile et celle qui demande le plus
d'étude.

En Allemagne, en Italie, mais principalement en France, se sont formées, jusques dans
les villages, des sociétés chorales, dans lesquelles tout ce qui a une voix quelconque vient
se grouper autour d'un musicien pour chanter
des chœurs. On pourrait tirer un grand parti
de ces sociétés, si ceux qui les dirigent possédaient assez d'expérience pour cela. — Ces
directeurs sont, pour la plupart, d'anciens
musiciens de régiment, ou bien quelque ama-
teur de l'endroit, plus ou moins capable, mais
rarement chanteur lui-même. Il y a, selon
moi, dans ces sociétés d'orphéons un vice radical dont je parlerai plus loin.

Ce qu'il y a de certain, c'est que, malgré
ce grand mouvement musical, malgré les
écoles de chant très multipliées, et même
malgré les grands Conservatoires de musique
d'Allemagne, de Belgique, de France et
d'Italie, il y a, dis-je, une pénurie désespérante
de bons chanteurs. C'est au point que, sauf

quelques rares exceptions, nos premières
scènes lyriques qui, cependant, payent fort
cher tout ce qui possède quelque talent, ne
recrutent le plus souvent, surtout en fait
d'hommes, que des ébauches de chanteurs,
sans voix, sans véritable talent, et qui, par
le mauvais genre de leur chant, dépravent le
sens musical du public. Ils le dépravent, en
effet, car à force d'entendre brailler sans goût,
sans justesse, sans le moindre sentiment des
nuances, le public finit par se blaser, par ne
plus distinguer le bon du mauvais. — Avant
tout il faut aujourd'hui du bruit; quiconque
ne crie pas à tue-tête paraît manquer de voix;
peu importe l'art et ce que les juges compétents entendent par méthode : on n'apprécie
malheureusement plus que ces voix parfois
sauvages et dures qui, justes ou non, parviennent au théâtre à couvrir l'orchestre et
les chœurs.

En parlant de chant, j'entends souvent répéter les mots de méthode italienne, de méthode allemande, de méthode française, comme s'il s'agissait de la langue de ces différents
pays. — Ce mot de méthode est très vague,
très élastique, et généralement ceux qui l'em-

ploient, incapables de porter sur un chanteur un jugement plus ou moins solide et pratique, se contentent de le mettre en avant comme un argument en dernier ressort. « Un tel ou une telle chante avec méthode, etc. » Cela tranche toutes les questions, quoique ceux qui l'emploient en ignorent ordinairement la véritable signification.

L'art de bien chanter, ou si l'on veut la méthode, pour parler le langage de tous, est aujourd'hui la même partout où l'on trouve de bons professeurs, ce qui est devenu assez rare. Qu'ils soient allemands, italiens ou français, peu importe, ce sont les mauvais professeurs qui font les mauvais élèves.

Dans le vrai sens du mot, il n'y a donc qu'une seule et même manière d'enseigner l'art de bien chanter, et de développer dans une voix toutes les qualités et toutes les ressources qu'elle possède. — Je m'entends, c'est du travail de la voix, du travail de la vocalisation que je veux parler, et nullement du genre que chaque chanteur peut adopter quand il est arrivé au véritable talent, et qui alors, selon son goût, ou les dispositions particulières de sa voix et de son intelligence musicale, peut devenir le genre italien, le genre allemand, et même le genre français. Mais avant tout, je le répète, il faut savoir chanter; c'est-à-dire, avoir acquis par une étude bien faite cette certitude d'intonation qui donne la justesse, cette égalité de son et cette souplesse qui permettent au chanteur habile de moduler, de phraser, de chanter fort sans exagération et sans cris, de produire enfin ces effets merveilleux d'énergie ou de douceur qui ont tant de charme pour ceux qui écoutent.

Un homme, doué d'une grande intelligence musicale, d'une voix magnifique, et d'un talent vraiment merveilleux, a été la cause involontaire de l'abus excessif que l'on a fait dans les derniers temps des moyens factices de sonorité. — Ce sont les ténors, surtout, qui, pour produire de grands effets, sont parvenus à obtenir des sons qui dominent les chœurs et les plus forts orchestres. — Le public s'est habitué à ce genre affreux, et l'encourage toujours de ses applaudissements; d'où il résulte, que l'artiste exagère de plus en plus les passages et les grandes notes qui font son succès. — Après ces passages et ces grands éclats, quand revient le chant proprement dit et les phrases de goût, la voix fatiguée, toujours surmenée, manque de fraîcheur, de suavité, de vibration, de tenue, et le plus souvent de justesse. — On sent alors se produire chez le chanteur, la langueur, l'éraillement, la sécheresse, toutes choses détestables que le public accepte sans trop murmurer, espérant retrouver dans la terminaison d'une nouvelle phrase le retour de ces efforts de poitrine qui le charment.

Le grand chanteur dont je viens de parler était Duprez, qui, pendant trop peu de temps malheureusement, a fait la juste et bien légitime admiration de tous ceux qui l'ont entendu dans la belle époque de son merveilleux talent. — Son apparition à Paris dans *Guillaume Tell*, dans la *Juive*, et dans les *Huguenots*, fut un véritable évènement au théâtre. On n'avait jamais entendu chanter cette musique de cette manière. Tous ceux qui possédaient alors une voix de ténor quelconque, connaissant la transformation opérée dans celle de Duprez en Italie, crurent pouvoir en faire autant. Ils se mirent à gonfler leurs poumons, à sombrer leurs voix et à produire par des moyens factices des sons en timbre mixte de larynx et de cerveau, qui avaient bien autant de puissance, plus de puissance même que la voix de Duprez, mais qui n'en avaient aucune des qualités.

A part la grande intelligence musicale de Duprez et son incontestable talent de musicien qui, en scène, le laissaient complètement maître des effets qu'il voulait produire, il y avait surtout dans sa voix des qualités spéciales et toutes personnelles que l'on ne retrouve que bien rarement. Sans changer de caractère ni de volume, cette voix ample, vibrante et expressive, allait, en traversant tous les registres de l'échelle vocale, de l'*ut grave* au *si aigu*, et accidentellement à l'*ut*. Elle disposait, par conséquent, d'un parcours diatonique de quatorze à quinze notes d'une égalité et d'une magnificence presque sans exemple. — C'est à cela qu'il faut attribuer en grande partie la manière admirable dont Duprez disait les récitatifs et la musique déclamée. — Malgré cette puissance de voix qui remplissait de son volume les plus grandes salles de spectacle, chez lui jamais de cris, jamais de ces notes stridentes que ses prétendus imitateurs ont adoptées depuis, au dé-

triment du goût et de nos oreilles.— Sa voix,
quelle que fût son intensité, était toujours ve-
loutée, quoique pénétrante, ondulée, sonore,
vibrante, expressive et juste.

Il faut admettre, sans doute, que la nature
avait beaucoup fait pour Duprez, et que sa
voix, admirablement disposée, a facilité le
grand développement qu'il a su lui donner,
mais il faut reconnaître également que l'étude
a dû faire beaucoup aussi. C'est même par
l'étude, et par un travail considérable, qu'il a
atteint ce degré de perfection qui a fait son
immense et légitime succès. Mais ce genre,
si admirable, si beau en lui-même, pouvait-il
créer une école de chant appropriée à la
grande masse des chanteurs? Je ne le pense
pas, et l'expérience n'a que trop prouvé la
vérité de cette opinion.

La manière de faire de Duprez, mise en pratique au début des études du chant par des
professeurs qui n'en comprennent ni la juste
application, ni le véritable mécanisme, doit,
par un abus excessif et imprudent des ressources vocales, fatiguer promptement l'organe de la voix.

Selon moi, et d'après mon expérience personnelle, je crois pouvoir affirmer, que les longs et consciencieux exercices au moyen desquels on doit chercher avant tout à rectifier l'oreille, à donner à la voix la parfaite et rigoureuse justesse d'intonation, ne doivent être dirigés que très progressivement et graduellement vers le complet développement des ressources *naturelles* de la voix ; c'est-à-dire poser, soutenir et étendre le son par tous les moyens qui peuvent en augmenter la véritable beauté, la justesse et la plus parfaite égalité dans toutes ses parties. Il faut éviter surtout de chercher à dépasser prématurément la limite que l'on peut atteindre sans effort. Ainsi pour les ténors de l'*ut grave* au *sol aigu*, et accidentellement jusqu'au *la*, si on le peut, et pour les femmes tout ce qu'elles obtiennent sans effort ni fatigue.

C'est par des exercices lents, et correctement faits dans tous les intervalles de cette échelle, que je voudrais, avant tout, donner à une voix la solidité, la justesse et le charme dans la qualité du son. Une voix formée ainsi et sûre d'elle-même, égalisée et parfaitement ajustée, pourra plus tard se livrer à des exercices d'agilité, puisqu'elle aura déjà acquis la souplesse et la certitude d'intonation, et enfin se livrer aussi avec intelligence à des expériences de sonorité, de puissance et d'étendue qui, au début, en eussent sans nul doute détruit le charme d'abord, mais surtout l'égalité, la fraîcheur et probablement aussi l'exacte justesse.

Les ténors de nos jours n'ont qu'une idée, qu'une seule ambition, c'est de briller par des notes éclatantes; mais ces notes-là, qui ont quelquefois une grande valeur, placées à point, ne sont cependant que des accidents isolés, et qui ne constituent pas le chant, proprement dit. L'effet en est d'ailleurs déplorable quand, poussées avec vigueur, elles arrivent après un chant terne, décoloré, sans expression, sans nuance, et qui manque le plus souvent de fraîcheur, de vibration et de tenue dans le médium et les registres naturels et indispensables du chant. C'est cependant là où en viennent irrémédiablement ceux qui, bien ou mal, se figurent adopter et imiter le genre de Duprez; mais il ne faut pas perdre de vue que Duprez n'a jamais rien exagéré; sa voix est toujours demeurée belle dans toutes ses parties. Ce n'était jamais au détriment

du chant qu'il cherchait ces grands élans,
cette magnifique et sublime puissance de son
qui électrisaient tout un public. Si ceux qui
se disent ses imitateurs ou les imitateurs de
ses imitateurs, au lieu de casser leur voix
avant de l'avoir formée, se bornaient d'abord
par de patientes et de consciencscieuses études
à obtenir par des moyens *naturels* tout ce
qu'elle peut produire de bon, plus tard, quelques-uns, peut-être, arriveraient à s'appro-
prier le genre de Duprez, genre que personne
ne lui a enseigné, à lui, quoi qu'on en dise, et
dont il a trouvé le secret dans son intelligence,
dans une expérience longuement acquise, et
dans la direction qu'il a su donner à ses
études.

Si je me suis plus particulièrement attaché
à parler de Duprez, c'est que son genre,
si beau en lui-même, a créé chez ceux qui
ont voulu le copier, et spécialement chez
les ténors, cette détestable école de cris et de
mauvais goût, qui, en 1852, faisait déjà le
tourment de l'éminent critique *Scudo*, quand
il écrivait : « On ne chante plus, on crie, on
« lutte à force de poumons..., et l'on se croit
« un grand chanteur quand on arrache du

« fond de ses entrailles un son maladif et
« strident.... »

Il serait utile de s'expliquer une bonne fois
sur la signification des mots, afin de savoir
ce qu'en réalité on entend aujourd'hui au
théâtre par ce grand titre de *fort ténor*. Sont-
ce des voix ayant pour mission de nous dé-
chirer le tympan, d'ébranler les salles de spectacle jusque dans leurs fondements? Faut-il
comprendre par là des voix uniquement créées
pour un genre d'opéra tout à fait particulier
et d'invention nouvelle, qui ne réclamerait
plus ni charme, ni accent, ni aucune des
qualités indispensables du chant, si ce n'est
la force de projection et le volume illimité du
son? S'il en était ainsi on comprendrait, jusqu'à un certain point, leur application au caractère spécial de cette musique exception-
nelle, mais il n'en est rien, et c'est dans tous
les genres, sans distinction, qu'on en fait
l'emploi. — En effet, ce n'est pas seulement
le répertoire nouveau, mais aussi l'ancien qui
est mené de cette façon, celui de Rossini, de
Bellini, de Donizetti, de Meyerbeer, d'Halevy,
d'Auber, etc., enfin tout ce que les Garcia, les
Donzelli, les Rubini, les Nourrit, l'incompara-

ble Duprez, et tant d'autres encore, ont chanté
d'une manière sublime avec ce qu'on appelait
tout simplement alors des voix de ténor. Tout
cela est défiguré, massacré aujourd'hui d'une
façon déplorable par les prétendus *forts ténors*
de l'école moderne.

Ce que je dis ici ne s'applique pas exclusivement aux théâtres d'un ordre secondaire,
mais, sauf quelques belles et trop rares exceptions, à tous ceux où l'on chante le grand
opéra.

Depuis longtemps les hommes compétents,
les juges sérieux en musique se sont élevés
avec énergie contre cet abus affreux, contre
ce débordement de mauvais goût, mais leurs
avis ont été méprisés, tant les chanteurs et le
public se sont réciproquement habitués à ces
intempérances vocales qui font le succès des
uns, les délices des autres, mais en même
temps le désespoir de tous ceux qui ont conservé encore le vrai sentiment de la musique,
et les bonnes traditions de l'art.

Pour excuser l'intensité exagérée du son
que l'école actuelle cherche à donner à la voix,
on prend pour prétexte le caractère et les
exigences de la musique moderne, et surtout

la puissance des orchestres d'accompagnement. — Cela peut être vrai jusqu'à un certain point, mais ne l'est cependant pas d'une manière absolue. — Quant à la musique, qu'elle soit ancienne ou nouvelle, je n'admets pas qu'elle *pousse* précisément *au cri*, comme le prétendent ceux qui, faute de talent, trouvent plus commode de la crier que de la chanter. C'est ce que je viens de démontrer plus haut.

Pour ce qui regarde les accompagnements, j'ai, quoiqu'on en dise, bien souvent remarqué dans les bons théâtres, que les voix étaient habilement ménagées, trop quelquefois peut-être pour couvrir les défectuosités de la scène, défectuosités que les mauvais chanteurs ne dissimulent que par le bruit de l'orchestre, et dont ils ont besoin, au contraire, pour cacher l'insuffisance de leur talent.

Les voix de basse et de baryton ont, en partie, échappé à cette contagion, par la raison toute simple, que la musique écrite pour elles se trouve renfermée dans des limites naturelles que l'on ne peut dépasser. Il y a donc pour le baryton une barrière infranchissable

qui le sépare du ténor, à moins de recourir à
des moyens factices qui n'aboutissent jamais
qu'à des résultats incomplets, sans parler du
danger que l'on fait courir à la voix elle-
même.

Les voix franches de baryton, bien fondues,
bien travaillées et assouplies par de bonnes
études, possèdent un caractère particulier qui
les rend extrêmement sympathiques, surtout
quand, au registre de leur échelle naturelle,
elles arrivent à superposer quelques notes de
timbre mixte, dont le charme est incontestable quand elles sont produites avec intelligence et habileté par le chanteur.

Quant aux voix de basse-taille, elles deviennent aussi rares, sinon plus rares encore que celles de ténor, du moins celles qui
réunissent tout ce qui constitue le véritable
caractère de ce genre de voix. La plupart
manquent, dans la partie inférieure et indispensable de leur registre, de cette puissance, de cette ampleur, et de cette sonorité vibrante qui en font la véritable valeur. Les études qu'exige ce genre de
voix sont généralement longues et difficiles pour ceux qui aspirent au vrai talent.

C'est un gros instrument à manier qu'une
voix de basse-taille, et qui a besoin d'un travail singulièrement bien fait pour arriver à
chanter agréablement et juste.

A la même époque, et même avant celle de
Duprez, brillaient au théâtre italien de Paris
des talents d'un genre bien différent du sien,
mais non moins admirables; les Lablache,
les Rubini, les Tamburini, n'ont pas créé d'é-
cole particulière comme Duprez pour les ténors, mais ils sont arrivés à cette grande perfection du chant qui est jusqu'ici demeurée
inimitable. Ceux, du moins, qui ont cherché
à s'inspirer de leur magnifique manière de
faire, n'ont, il est vrai, rien exagéré, rien de-
mandé à la voix au-delà de ses ressources naturelles, seulement ils sont demeurés bien au-
dessous des grands maîtres que je viens de
nommer.

Mon intention, on le comprend, n'a pas été
de faire ici la biographie artistique des grands
chanteurs de notre époque ou de celle qui l'a
précédée. Cela me conduirait trop loin. Mon
but est surtout de traiter la question au point
de vue de l'art, en général, et de poser les
principes qui peuvent conduire les chanteurs,

et les ténors en particulier, vers le meilleur
genre de travail; d'indiquer, en même temps,
les mauvais moyens employés de nos jours
pour arriver à des effets factices aussi pernicieux pour leurs voix que fâcheux pour le public.

Généralement parlant, on peut admettre
que les femmes chantent aujourd'hui mieux
que les hommes; du moins on trouve encore
sur nos grandes scènes lyriques des talents
de femme d'une incontestable beauté.—Il faut
même reconnaître que, si dans nos théâtres
secondaires les hommes valaient les femmes
comme talents, on pourrait encore former des
troupes d'opéra très satisfaisantes.

La cause de cette différence s'explique par
les études généralement plus sérieuses que
font les femmes avant de se produire devant
le public. Celles qui se destinent au théâtre,
ou qui visent à la carrière d'artiste, commencent très-jeunes et font des études suivies et
prises de longue main. La constitution de
leur voix leur permet ce travail à un âge où
celle des hommes n'a encore aucun caractère
arrêté, et où elle passe souvent par des trans-
formations radicales d'une catégorie à une

3

autre, quand elle ne disparaît même pas complètement. — Ce n'est donc pour les hommes qu'après cette épreuve que l'on sait à peu près à quoi s'en tenir, et que l'on peut entreprendre un travail bien sérieux.

A tout cela il faut encore ajouter, pour le plus grand nombre, le défaut d'éducation à cette époque particulière de leur vie, car les mieux doués ne se rencontrent pas toujours dans les classes élevées ; enfin les exigences du service militaire qui enlève les jeunes gens au moment où ils devraient se vouer à l'étude.

Si dans les sociétés chorales, dont le nombre est incalculable en France, on s'appliquait cependant à former avec méthode l'intelligence musicale et aussi la voix des chanteurs qui les composent, on pourrait encore en retirer d'incontestables avantages. — C'est ici le moment de revenir sur ce que j'ai dit en commençant au sujet de ces sociétés, si multipliées en France, et si stériles en bons résultats.

CHAPITRE II

~~~

DES SOCIÉTÉS CHORALES

> « Les sociétés chorales de France rachètent
> » par la netteté de l'articulation l'insuffisance
> » des voix. Mais que de qualités ne leur reste-
> » t-il pas à acquérir avant qu'elles atteignent
> » au niveau des grandes compagnies chorales
> » de Belgique....
>
> <div align="right">EM. MATHIEU DE MONTER.</div>
> <div align="right">(<i>Rapport sur le grand concours de Lille,</i> 1862</div>

Ainsi que je l'ai indiqué plus haut, le vice de ces sociétés réside principalement dans le manque d'expérience et de pratique chez ceux qui les dirigent, car il est difficile d'admettre que, dans cette innombrable légion de chanteurs dont ils disposent sous toutes les latitudes de la France, il ne se rencontre pas souvent des voix dont on pourrait tirer un grand parti. Je n'admets pas non plus, ainsi qu'on le prétend, qu'il puisse y avoir des époques dépourvues de belles voix, et que cette époque soit précisément la nôtre.

Ces sociétés sont principalement composées de jeunes gens et d'ouvriers qui fournissent ordinairement les voix les meilleures et les mieux constituées. Que font maintenant ces professeurs ou directeurs avec les chanteurs qu'ils recrutent ? Le voici : ils les classent, plus ou moins bien, en quatre catégories, puis, par un travail de patience qui m'a souvent étonné, ils parviennent à enseigner machinalement à chacune d'elles la partie qu'elles doivent chanter dans l'ensemble. Pour chaque catégorie, il y a ce qu'ils appellent *un chef d'attaque*, un peu plus ferré sur l'intonation que les autres, mais presque aussi incapable, du reste. J'ai entendu dans les grands concours de chant une quantité considérable de ces sociétés chorales, et chez toutes j'ai reconnu le même défaut provenant de la même cause. Ce défaut capital est l'incertitude dans l'intonation et dans la tenue un peu prolongée du son (1),

(1) En terminant un morceau d'ensemble, constater à l'aide du diapason, ainsi que cela se fait communément, que le ton n'a pas sensiblement varié avec son point de départ, ne prouve absolument rien pour la justesse de l'exécution. — Dans le nombre il se trouve toujours quelques voix d'une certaine solidité

dans le manque de véritable puissance vocale quand elle est nécessaire, et dans l'exagération quelquefois ridicule des *pianos* et *pianissimos* qui finissent par dégénérer en gazouillements incolores et presque sans nom dans la langue musicale.

Je comprends que beaucoup de ces chefs de chœurs ne veuillent pas se faire maîtres de musique, mais on doit admettre aussi que quelques-uns de leurs choristes en savent assez pour enseigner aux autres les premiers éléments, c'est-à-dire la valeur des notes, et surtout la mesure. Toutefois, pour répondre au but de cette institution, les chefs devraient par dessus tout s'occuper du développement élémentaire des voix dont ils disposent. C'est un conseil que j'ai donné à quelques-uns et qui a toujours parfaitement réussi quand

---

qui soutiennent les autres et maintiennent l'équilibre. — De ce qu'un orchestre arrive dans le ton d'où il est parti, il ne résulte pas de là qu'il ne puisse avoir joué faux d'un bout à l'autre. — Pour la plupart de ces chefs d'orphéons, chanter faux c'est tout simplement faire une note pour une autre. Ils se préoccupent généralement trop peu de la faiblesse de l'intonation et de la fausseté des intervalles et des accords. — De là leurs nombreux échecs dans les concours.

l'application en a été bien faite, car tout dépend de là.

Ainsi donc, je conseillerais de commencer chaque séance de répétition par un exercice préalable de vocalisation élémentaire : les ténors seuls, les tailles seules, les basses seules, par groupes et par catégories. On me comprend, ce n'est pas d'une étude de solfége que je veux parler, mais de vocalisation, c'est-à-dire enseigner d'abord à filer des sons, à les soutenir, à les enfler et à les adoucir sans altérer la justesse d'intonation ; puis d'exercer les choristes, toujours dans le même système, et progressivement, dans tous les intervalles de l'échelle vocale particulière à chaque catégorie. Ceux dont la voix ou l'oreille, après des expériences longtemps répétées, seraient reconnus incapables de suivre ce genre de travail, devraient impitoyablement être réformés comme éléments de trouble dans la justesse de l'ensemble. (1)

(1) Les sociétés chorales de Belgique, les meilleures de toutes, sont bien supérieures aux nôtres, cela provient de la valeur musicale des chanteurs dont elles se composent.

Les exercices que je viens d'indiquer, mis en pratique et avec précision dans chaque séance de répétitions, donneraient aux voix la certitude qui leur manque toujours, et fourniraient aux plus belles l'occasion de se développer et de se faire connaître.

De cette manière, les sociétés chorales pourraient devenir une pépinière de chanteurs pour nos grandes écoles de musique et de chant, qui en sont le plus souvent complètement dépourvues.

Peut-être aussi que les bons professeurs, s'ils disposaient de belles voix, reprendraient alors au sérieux un art dont la décadence est évidente, et qui menace de dégénérer bien davantage encore s'ils abandonnent de plus en plus les saines traditions de ceux qui les ont précédés.

Puisque nous en sommes sur le chapitre des professeurs, je crois qu'il n'est pas inutile d'examiner consciencieusement la manière dont se pratique l'enseignement du chant, en général. — Mais, pour éviter toute équivoque, je dois faire observer, que ne professant pas moi-même, et que n'ayant nulle envie de le faire, je me trouve entièrement désintéressé dans la question.

CHAPITRE III

DE L'ENSEIGNEMENT DU CHANT

ET DES PROCÉDÉS EMPLOYÉS DE NOS JOURS

> « Un bon professeur de chant doit
> savoir chanter d'abord et aussi
> avoir de la voix pour se faire en-
> tendre, car on n'apprend pas le
> chant dans les livres. »
> (L'abbé de Bacilly, édit. Paris 1668)

Dans les sciences, dans les arts, ainsi que dans toutes les professions, en général, ceux qui se vouent à l'éducation d'autrui sont au moins tenus de savoir à peu près ce qu'ils veulent enseigner. Pour le chant il n'en est pas ainsi, car, sauf quelques heureuses exceptions que l'on rencontre dans les villes privilégiées, l'enseignement en est généralement livré à des pianistes ou à de simples accompagnateurs (1), qui, pour la plupart,

(1) Ces accompagnateurs pullulent surtout en Italie dont ils ont fait le pays où l'on chante aujourd'hui le plus mal et le plus faux. En Allemagne et en France les choses ne vont guère mieux.

n'en possèdent aucune notion. Si on en fait
l'observation aux parents des élèves confiés
à leurs soins, il vous répondent avec la plus
parfaite satisfaction que, faute de voix, le
professeur n'a jamais chanté lui-même, il est
vrai, mais qu'il est *parfait musicien, et qu'il
connaît à fond les principes et la théorie du
chant*. — La théorie de quoi ? D'une chose
qui est toute dans la pratique, et dont on ne
comprend bien le mécanisme que par une expérience personnellement acquise, et que
toutes les théories du monde ne peuvent
démontrer.

Je n'exagère rien, et d'ailleurs, que l'on
regarde autour de soi, et que l'on me cite,
si on le peut, beaucoup d'élèves qui, après
un long et mauvais travail fait avec ces
prétendus théoriciens, arrivent, je ne dirai
pas au talent, mais encore à chanter à peu
près bien. En revanche, écoutez ces voix
désunies et faussées par des études mal dirigées, et dont il devient impossible plus tard
de corriger les défauts, et on comprendra
alors où aboutissent tous ces funestes principes mis en usage par des maîtres qui n'en
comprennent même pas le danger. Si je ne

craignais de devenir trop long, je citerais à ce propos des faits qui dépassent tout ce qu'on pourrait imaginer.

Ceux qui appuient, en effet, leurs doctrines sur de simples théories, doivent, faute de pratique et d'appréciation personnelle, tomber dans de graves erreurs d'application. Ainsi, je lis, par exemple, dans un livre, très savant sans doute au point de vue de l'hygiène et de la physiologie de la voix, des raisonnements qui doivent nécessairement conduire aux plus fâcheux résultats ceux qui les prennent à la lettre et les appliquent à leurs élèves. En voici un extrait : « Un seul professeur de chant, » dit M. le docteur Segond, auteur du livre que je viens de citer, « a osé faire le procès des voca- » lises. Les raisons qu'il donne dans son ou- » vrage sont péremptoires. Les vocalises, dit » M. Garcia, (1) sont des mélodies sans paroles

---

(1) Ce M. Garcia n'est pas le célèbre chanteur, le père de Madame Malibran, mais son fils ; voici ce que nous dit avec beaucoup de raison le spirituel critique Scudo sur la méthode de ce dernier.... « Il y a peu de virtuoses et de professeurs un peu « célèbres qui n'aient cru avoir quelque chose à « dire de nouveau sur cet art si délicat du chant, « qui échappe pour ainsi dire à l'analyse. — Parmi

» offrant à l'élève la réunion de toutes les
» difficultés du chant. Cette étude fait sup-
» poser que l'élève sait déjà *poser la voix,*
» *la rendre pure, égale, intense, unir les*
» *registres, en varier le timbre, commander*
» *à l'émission de l'air, exécuter les gammes,*
» *les arpèges, les trilles, les mordants,* en
» un mot, qu'il possède toutes les ressour-
» ces du chanteur, une seule exceptée, *la*
» *prononciation.* »

    » Dans la méthode de M. Garcia, » ajoute
M. le docteur Segond, « toutes les difficultés
» parfaitement abstraites du chant sont pré-
» sentées de manière à offrir une marche ri-
» goureuse et analytique. C'est ainsi qu'il a
» judicieusement placé dans les derniers de-

« les ouvrages de ce genre qui ont eu le plus de
« retentissement, il faut citer la *méthode* de M. Em-
« manuel Garcia, frère de madame Malibran. —
« Dans ce livre intéressant, mais trop systémati-
« que, M. Emmanuel Garcia a payé un large tribut
« à une des manies de notre époque, celle de vou-
« loir tout expliquer, et d'embarraser l'étude des
« beaux-arts d'une science fastueuse et souvent
« inutile. » En parlant d'une autre *méthode* du même
genre, celle de M. Panofka, il ajoute : « M. Panofka
n'a pas entièrement échappé au même travers. »
(P. Scudo. — *Critique et littérature musicales,* 2e série,
page 406.)

» grés de la vocalisation, l'étude du son *filé,*
» étude par laquelle tant de professeurs font
» commencer leurs élèves, etc. »

Par où faut-il commencer? M. le docteur
Segond devrait au moins le dire. Par des vocalises? M. Garcia fait leur procès. Alors nécessairement, par des études et par des exercices progressifs dont *la pose de la voix et
le son filé* sont la base, ne lui en déplaise,
et sans lesquels on n'arrive *jamais* à la parfaite justesse d'intonation, ni à l'art si difficile
de bien respirer. Et ces exercices, eux-mêmes,
composés de *sons filés, de tenues, de secondes,
de tierces,* etc., enfin de tous les intervalles
de l'échelle vocale combinés en tous sens et
sous toutes les formes, ne sont-ils pas, en
définitive, des vocalises préparatoires qui
conduisent insensiblement aux véritables vocalises? Je dirai, en outre, que celles-ci ne
sont pas *immédiatement la réunion de toutes
les difficultés vaincues,* comme le prétend
M. Garcia, mais, selon moi, la route qui y
conduit par un travail *progressif, bien entendu, bien calculé,* et dont les bons professeurs doivent proportionner la marche et
le choix à la force de leurs élèves. C'est

dans la confusion de ces théories mal comprises que ces derniers se traînent pendant
des années dans un travail non-seulement
infructueux, mais encore des plus pernicieux
pour leur voix.

Il existe aujourd'hui, non-seulement en
Italie et en France, mais aussi en Allemagne, une certaine école de chant qui a malheureusement adopté le déplorable régime
de délier, soi-disant, les voix avant de les
avoir préalablement posées et ajustées. —
J'ai, en effet, sous les yeux une petite méthode de chant publiée à Cologne (1) et très
répandue en Allemagne qui procède aussi
de cette façon. — Ce n'est qu'après le 103me
exercice qu'elle s'occupe de la pose de la
voix et du *son filé*. — Or, il est évident
que si un élève était parvenu à chanter
correctement ces 103 exercices de vocalises
très-compliquées et souvent très-difficiles, il
serait déjà arrivé à une grande force, et qu'il
ne lui manquerait plus qu'une chose, celle
de savoir régulièrement produire et soutenir un son avec justesse ; c'est-à-dire, celle

(1) *Méthode de chant*, par Mathilde Gastrone Marchesi.

qui forme la base essentielle du chant. Que
dirait-on, je le demande, d'un professeur de
violon qui, avant d'avoir enseigné à son
élève à placer convenablement son archet
sur les cordes et à former un son avec égalité et justesse, le traînerait immédiatement
à travers toutes les difficultés du doigté ?
— Que penserait-on aussi d'un professeur
de mathématiques qui, sous prétexte d'ouvrir
l'intelligence de ses élèves, et avant de leur
avoir fait connaître l'emploi et la valeur des
chiffres, les mettrait tout de suite à résoudre
des problèmes très-compliqués ? L'un et l'autre ne feraient, en musique comme en mathématique, que des barbouilleurs dont le
travail aboutirait à un résultat également
faux. — C'est ce qui arrive dans le chant,
quand on suit le fatal système dont je viens
de parler. — Je vais plus loin, et je dis
que des voix livrées à de pareils égarements
seront à tout jamais déréglées et faussées,
et l'on n'a, du reste, qu'à entendre les élèves formés à cette école pour s'en convaincre.

Du reste, le raisonnement que M. Segond
nous présente est tellement faux, que M. Garcia (l'ancien et le célèbre Garcia, bien entendu),

fait dans son enseignement pratique précisément le contraire de ce que dit M. le docteur Segond. — Pour en avoir la preuve,
qu'on lise le discours qui sert de préface à
son *Recueil d'exercices pour la voix,* dédié
à madame la baronne Merlin. Il y dit ex-
pressément qu'il faut apprendre à bien faire
une note avant d'en faire deux, deux avant
d'en faire trois, etc. « Il semble au premier
» abord, ajoute-t-il, qu'il soit très-aisé de
» chanter deux notes, cependant ce n'est pas,
» car lorsqu'on sait bien en faire deux, on
» peut en faire de même trois, quatre, cinq,
» jusqu'à l'octave et plus encore, » etc. Comment arriver à faire ces deux premières notes,
dont parle M. Garcia, si ce n'est par le travail des sons filés, « ou en liant très len-
» tement d'une manière très marquée une
» note à l'autre pour assortir et unir ensem-
» ble les trois registres de la voix, » etc.
Bien mieux encore, dans les exercices notés
de ce recueil, M. Garcia commence très logi-
quement la marche des études par un travail de tous les intervalles, *à la tête duquel
se trouve le son filé.*

M. Duprez fait absolument la même chose,

« *tenez et filez le son dans toute sa longueur,* »
dit-il au début de la première leçon de son
Traité de chant. — Mme Cinti Damoreau, dont
l'opinion est une loi dans ces questions, s'y
prenait identiquement de la même façon, et
on peut en dire autant de tous les grands
maîtres dont l'autorité repose sur l'expérience et le talent.

Il m'est impossible, on le conçoit, de passer
en revue les innombrables *méthodes* et traités de chant dont on se sert dans l'enseignement, cela irait à l'infini ; mon but est
plutôt d'examiner l'usage qu'on en fait dans
cet enseignement ; là est toute la question,
car c'est dans l'application et non dans des
théories écrites que réside la bonne conduite
des études. — Telle *méthode* qui ne fait que
du mal dans de mauvaises mains, obtient
au contraire d'excellents résultats par l'habileté de celui qui la professe.

Je crois devoir faire observer, en outre,
que le traité de chant de M. Emmanuel Garcia fils, celui dont parle M. le docteur Segond,
est loin de répondre au but qu'il veut atteindre. — Il contient trop de détails, ou pas
assez ; — trop, parce qu'il cherche à tout ex-

pliquer, et que par là il présente à l'élève
un fouillis de raisonnements plus ou moins
utiles, plus ou moins logiques, et dans tous
les cas, d'un aspect aride et embarrassant pour
ce même élève incapable de les comprendre.
D'un autre côté, il ne contient pas assez au
point de vue où l'auteur a voulu se placer ;
car les particularités vocales dont il prétend
résumer toutes les formes, dépassent à l'infini
ses prévisions. Il laisse, par conséquent, sans
examen ni conseil tout ce qui se trouve au-
delà ; or, cela n'a pas de bornes, puisque chaque voix offre pour ainsi dire au professeur
intelligent un sujet spécial d'observations.

Je me demande, en outre, à quoi peuvent
servir tant de spécifiques pour le redressement de toutes les défectuosités vocales ? Ces
sortes de *méthodes* ressemblent à certains
livres pompeusement intitulés *De la médecine
sans médecin*, et au moyen desquels on s'ad-
ministre, sans trop savoir pourquoi, des remè-
des souvent plus nuisibles qu'utiles.

Est-ce pour les professeurs habiles ou pour
les ignorants que des traités de chant de ce
genre sont faits ? Les habiles s'en passent
assurément, car ils ont pour eux l'expérience

4

personnelle et leur propre méthode d'enseignement. Les inhabiles sont incapables de
les comprendre et de les appliquer avec fruit.
— Enfin, quant aux élèves eux-mêmes , ils
reculeront instinctivement devant l'étalage
inextricable d'une science si compliquée, et
présentée sous une forme si peu attrayante
pour eux.

Pour tout ce qui concerne l'hygiène de la
voix et les soins que réclame sa conservation,
le livre de M. le docteur Segond, dont je parle
plus haut, a beaucoup de valeur. Il en a
une non moins grande dans le Chapitre quatrième qui traite des *timbres sombres* et des
timbres clairs. Il donne à ce sujet des expli-
cations très détaillées, et dont les élèves devraient se bien pénétrer dans l'intérêt même
de l'organe vocal. Je reviendrai plus loin sur
cette question importante.

Dans le livre de M. Segond il se trouve
au quatrième Chapitre, non-seulement des
observations très justes sur le phénomène
physiologique qui sert à la formation du *timbre sombre,* mais aussi des conseils d'une
grande valeur, au point de vue médical, sur
le danger que courent les voix, et même la

santé de ceux qui, sans précaution ni sage
direction, mettent l'organe vocal au régime
de ce travail dangereux et fatigant.

Si j'ai cité spécialement le livre de M.
Segond, c'est qu'il a été écrit, pour ainsi
dire, sous l'influence des idées de M. Garcia
fils, et que cela semble devoir lui donner une
certaine autorité. C'est même sur cette
autorité que s'appuient quelques professeurs
inexpérimentés dont il faut signaler les erreurs
et les fausses doctrines. Ainsi, je lis encore
dans ce même livre (page 113) : « Il n'est
donné qu'à un chanteur, habile et exercé,
» de produire avec perfection le *son filé* (c'est-
» à-dire, la tenue du son) ; l'exercice qu'il
» exige est pénible même pour un larynx sou-
» ple ; aussi combien n'use-t-il pas la voix
» des personnes qui *commencent par lui l'étude*
» *du chant*, etc. » Si M. le docteur Segond
eût sérieusement mis son larynx au service
de son raisonnement, il aurait changé d'idées.
Je lui poserai pour la deuxième fois la même
question : Par où entend-il commencer les
études du chant, et quand croit-il qu'elles
finissent ? Finissent-elles même jamais pour
le véritable chanteur ? Enfin, à quelle époque

de sa carrière musicale celui-ci pourra-t-il
donc commencer à apprendre *le son filé* qui
est la première condition du talent ? Mais
ce n'est pas tout, c'est le principe que soutient M. Segond qui est faux, et je prétends
que c'est précisément le contraire de ce qu'il
dit qui est vrai.

La pose et la tenue de la voix, autrement dit *le son filé*, bien enseigné par un
professeur habile, conduit non pas à la fatigue de la voix, mais lui donne, au contraire,
la force de résistance que réclament plus tard
des études plus compliquées. Non-seulement
par cet exercice lent et soutenu, quand il est
bien fait, s'entend, la voix prend de l'égalité,
de l'ampleur, de la sonorité, de la justesse, du
mordant ; mais, en outre, c'est aussi le moyen
direct d'utiliser et de développer avec méthode
et ménagement les ressources si précieuses de
on de la respiration. L'art de bien respirer est,
le sait, le premier de tous pour un bon chanteur, celui sans lequel il est impossible de donner aux phrases de chant un peu longues la
couleur et la variété des nuances qui en font
le charme. Comment donc l'apprendre, le posséder entièrement si, avant de passer à des

exercices plus rapides et qui, par conséquent, demandent une plus grande consommation d'air, on n'a pas préalablement commencé par les études qui en sont la base et qui en fournissent les moyens ?

C'est dans ce sens que le comprenait l'éminent professeur Ponchard qui, pendant plus de trente ans, a marché à Paris à la tête du haut enseignement du chant. C'est de lui que j'ai reçu les bonnes traditions que j'ai toujours conservées, et au moyen desquelles j'ai personnellement et pendant bien des années pu me livrer à un travail journalier très prolongé sans arriver à la fatigue.

Si l'on juge des grands centres d'enseignement par les produits qu'ils nous livrent, ou par les détails que fournissent les élèves qui en sortent, il est évident que l'on y demande à la voix plus qu'elle ne peut tenir à la longue.

Avant l'introduction du système actuel, on écrivait la musique pour les différentes catégories de voix ; aujourd'hui, dans les grands laboratoires de chant, on doit fabriquer des voix pour chanter la musique nouvelle, et soumettre les élèves à une gymnastique vocale des plus extravagantes. Il n'y a plus là de *baryton* qui n'aspire à devenir *fort ténor*, car c'est, plus tard, ce qui se paye le mieux, et ce que Duprez et d'autres ont obtenu par de longues études et des dispositions particulières, tous veulent maintenant l'obtenir du premier coup. Ainsi, pour les ténors, dont on exige le plus, on prenait autrefois pour point de départ inférieur l'*ut grave*. Aujourd'hui, en vue de monter les voix aussi haut que possible, on part du *ré*, et même pour quelques-unes du *mi*.

Il est de règle, et tous les professeurs savent cela, que ce qu'on gagne d'un côté on le perd plus ou moins de l'autre. C'est donc pour travailler les voix fortement dans la région supérieure du *la*, du *si* et même jusqu'à l'*ut* aigu, que l'on abandonne le *ré* et l'*ut* inférieurs. Mais comme par un travail pénible dans le haut, les notes qui avoisinent le point de départ le plus bas perdent ordinairement de leur force et de leur mordant, il résulte du système nouveau que les voix de ténor ne peuvent

guère plus compter, en bon timbre, que du
fa ou du *sol* du registre de poitrine. On pourrait m'objecter, sans doute, que les ténors
chantant rarement des *ré* et des *ut* graves,
il vaut mieux les abandonner pour gagner
de l'étendue dans le haut ; parfaitement bien,
mais à mon tour je répondrai, que c'est moins
en vue de se servir des dernières limites
de l'échelle inférieure que j'en crois l'exercice indispensable, mais seulement dans le
but de conserver aux notes qui les avoisinent leur valeur de sonorité.

Je crois en avoir assez dit pour mettre les
élèves en garde contre tous les mauvais procédés de chant auquel on les soumet malheureusement trop souvent, et aussi contre
les entraînements qui les poussent eux-mêmes à exiger de leurs voix ce qu'elles ne
possèdent pas en réalité.

Examinons maintenant le système scientifique au moyen duquel on prétend avoir mis
un terme à toutes les *routines*, à tous les *char-
latanismes*, en plaçant l'enseignement du
chant dans un cadre parfait, en lui donnant
une forme arrêtée, impérissable, et pour

ainsi dire indépendante du talent personnel des grands maîtres « *qui ne doivent plus dé-* » *sormais emporter avec eux, en mourant, l'art* » *d'enseigner* (1). »

(1) Rapport de M. Beulé, 27 juin 1863, à l'Institut, sur le mémoire couronné de M. Bataille.

CHAPITRE IV

DES PROCÉDÉS SCIENTIFIQUES & PHYSIOLOGIQUES

APPLIQUÉS A L'ÉTUDE DU CHANT

> « ...... De même qu'un poète n'a pas
> » besoin de connaître la physiologie du
> » cerveau pour faire des vers, de même
> » il est inutile de connaître l'anatomie
> » des organes vocaux pour chanter... »
>
> G. Durnez.

Autrefois le chant était un art, aujourd'hui on veut en faire une science exacte. — Ce n'est plus seulement, en effet, par des études bien faites, bien dirigées que l'on cherche à reprendre les bonnes traditions des grands maîtres qui ont fait les admirables chanteurs dont les noms demeureront à jamais célèbres : non, c'est par des procédés physiologiques, par des observations laryngoscopiques que l'on veut déterminer maintenant la valeur, la justesse d'une voix, et que l'on compte faire désormais son éducation musicale. Ce ne sont plus des professeurs de

chant, mais des médecins, des anatomistes
qui, le laryngoscope à la main et plongé
dans le gosier de l'élève, jugeront les questions de vocalisation.

Ce que je dis là paraîtra sans doute extraordinaire, c'est cependant où nous en
viendrions si l'on prenait au sérieux les
théories nouvelles et les raisonnements que je
trouve dans une brochure publiée par M.
Bataille, chanteur lui-même, et professeur
au Conservatoire. — Ce qui, à première vue,
semble devoir donner une certaine importance
à cette brochure, c'est qu'elle a été présentée
à l'Institut de France sous forme de mémoire, et qu'elle y a été couronnée par un
jury composé des plus grandes notabilités
musicales de Paris (1).

Il est vrai de dire que dans le rapport qui
en a été fait par M. Beulé, secrétaire perpétuel, il est dit en commençant « que les
« considérations pratiques renfermées dans
« le mémoire de M. Bataille sont *intimement*
« liées à des travaux de physiologie expéri-
« mentale sur lesquels l'*Académie des Beaux-*

(1) MM. Auber, Carafa, Ambroise Thomas, Reber,
Clapisson, Berlioz.

« *arts n'a point à se prononcer*; » cela n'empê-
che cependant pas le rapport en question d'a-
jouter, « que les énonciations scientifiques
« articulées par l'auteur sont *complétement* en
« harmonie avec les meilleures traditions
« d'enseignement de l'ancienne école ita-
« lienne, ce qui semblerait démontrer l'im-
« portance de ces énonciations au point de
« vue de l'art (1). » En d'autres termes, le
grand jury musical vante l'excellence d'un
système qu'il se reconnaît tout d'abord in-
compétent à juger.

Le rapport ajoute « qu'en second lieu, les
« faits exposés dans le mémoire de M. Ba-
« taille relèvent *en grande partie* de l'examen
« interne du larynx, et qu'il est impossible
« de ne pas tenir un compte sérieux d'obser-
« vations faites à l'aide de ce procédé, si ré-
« pandu et si apprécié depuis quelques an-
« nées (2). Trouverait-on déraisonnable de re-

(1) Toute la théorie anatomique que l'on cherche
à introduire aujourd'hui dans l'enseignement du
chant est complètement étrangère aux traditions
de la grande école italienne dont parle le rapport.

(2) M. Emmanuel Garcia fils décrit de la manière
suivante le laryngoscope dont il se dit l'inventeur :
« Ces instruments, que je crois utile de faire con-

« chercher à l'intérieur du larynx, » dit
toujours le rapport, « la cause d'une défec-
« tuosité vocale, lorsqu'on trouve tout simple
« d'ouvrir un piano pour savoir ce qui em-
« pêche une touche de se mouvoir ou une
« corde de résonner (1). » Non, assurément,
comme sujet d'observation il n'est même que
très-raisonnable de constater les défauts d'un
organe vocal; mais quelle analogie peut-il
y avoir entre cet organe et le mécanisme
d'un piano ? Si une touche est dérangée on
la répare, si une corde est cassée on la

naître aux élèves qui se destinent à l'art du chant,
consistent en deux miroirs. L'un d'eux, fort petit,
est fixé au bout d'une longue tige et se place
contre la luette au sommet de la gorge, la face
réfléchissante tournée en bas. On doit la chauffer
modérément au moment de s'en servir pour que
l'haleine ne la ternisse pas. L'autre miroir à main
est destiné à diriger sur le premier un rayon de
lumière qui lui permette d'éclairer la glotte et d'en
montrer l'image à l'œil de l'observateur. Le premier
miroir est plan, carré, à angles émoussés, il a environ 8 millimètres de côté et il est soudé à une
tige longue de 12 à 14 centimètres, sous un angle
de 110 à 145°; cette inclinaison est exigée par la
forme voûtée de la région pharyngienne. Le miroir
réflecteur peut être plat ou concave. »

(1) M. Bataille dit la même chose, page 8 de son
mémoire.

remplace, mais que faire au point de vue de
l'art, je le demande, après la constatation
d'une défectuosité physique du larynx, que
M. Bataille, ainsi que je vais le démontrer,
déclare être irrémédiable ?

Après avoir reconnu que le pivot sur lequel
M. Bataille fait tourner son système d'enseignement appartient au domaine de la science
physiologique, *que le jury n'a pas à examiner*,
le rapport ajoute immédiatement trois lignes
pour dire, « que dans le mémoire de M. Ba-
« taille la partie scientifique occupe une *place*
« *très-restreinte* et le cède presque *complète-*
« *ment à la partie musicale.* » Cette dernière
appréciation est en contradiction avec tout
ce qui la précède. Enfin, en terminant, le
rapport entre dans des considérations générales sur l'art du chant, qui n'apprennent
assurément rien de nouveau.

Examinons maintenant la théorie sur laquelle M. Bataille établit son système, et
dans laquelle il trouve la cause anatomique
et irrévocable de la justesse ou de la fausseté organique de la voix.

« L'anatomie nous apprend, dit-il, que
« lorsqu'on fait passer à travers le corps de

« l'homme un plan perpendiculaire tombant
« par la ligne médiane du sommet de la tête
« entre les deux talons, on divise ce corps
« en deux parties, non pas absolument sem-
« blables, mais symétriques l'une à l'autre
« en ce qui concerne les organes du senti-
« ment et du mouvement.... Le larynx se
« trouve séparé par ce plan en deux par-
« ties parfaitement symétriques, l'une droite,
« l'autre gauche, contenant les mêmes mus-
« cles, les mêmes cartilages, les mêmes mem-
« branes. Le son vocal résulte du rapproche-
« ment des ligaments vocaux qui forment
« chacun une des moitiés de la glotte. » Si
dans leur conformation et dans leurs mouvements ces deux moitiés sont semblables,
dit toujours M. Bataille, l'acte du chant s'ac-
complira dans d'excellentes conditions, si
non, « il arrivera *infailliblement* que le son
« produit demeurera en deçà ou au delà du
« degré voulu, et que le possesseur des dits
« muscles chantera faux malgré lui et bien
« que son oreille l'en avertisse. »

Il résulte de ce raisonnement, que dans
chaque Conservatoire de chant c'est à une
commission médicale que reviendrait le soin,

après vérification de cette fameuse *ligne médiane*, de désigner les élèves qui sont bons
et ceux qui ne le sont pas pour le service
du chant, ainsi que cela se pratique pour
les concrits devant les conseils de révision.

M. Bataille n'est dans le vrai que lorsqu'il dit, après ce que je viens de citer plus
haut, et contradictoirement au principe anatomique qu'il met en avant, « que ce qu'il y
« a de certain et d'avéré parmi les chan-
« teurs c'est que le travail arrive fréquem-
« ment à corriger le défaut de justesse, à
« condition, toutefois, que le sujet ait l'*oreille*
« *heureusement conformée* ». — Oui, sans nul
doute, c'est par le travail, mais seulement
par un travail bien fait que l'on parvient
à l'exacte justesse de la voix ; mais que devient dans ce cas le vice radical et irrémédiable de la *ligne médiane* qui, «*malgré les*
« *avertissements de l'oreille* fait chanter faux
« ceux dont elle ne partage pas le larynx
« en deux portions parfaitement semblables. »
De deux choses l'une, ou cette ligne médiane est une réalité ou une fiction. Si c'est
une réalité, évidemment le travail ne peut
rien pour la corriger ; — si c'est au contraire

une fiction, tout le système repose sur un raisonnement faux.

Quoiqu'il en soit, on doit reconnaître que le mémoire de M. Bataille, malgré quelques erreurs, contient aussi de très-bons et de très-utiles conseils. — On y retrouve cependant trop souvent l'ex-médecin, l'ancien lauréat de l'école de médecine de Nantes, et pas assez le vrai professeur de chant signalant les vices de l'enseignement actuel, et mettant à la portée de tout le monde les grandes et belles traditions pratiques, méthodiques et progressives au moyen desquelles on arrive par un travail intelligent et bien compris à former de grands chanteurs bien mieux que par des observations *laryngoscopiques*.

Ces observations sont intéressantes, sans doute, au point de vue scientifique, mais elles deviennent inutiles pour le redressement des difformités laryngiennes que signale M. Bataille, si du moins ces imperfections résident, comme il le prétend, dans une défectuosité physique, nécessairement irrémédiable.

Par les conclusions que M. Bataille tire de ses propres écrits, il résulte, que jusqu'ici

les meilleures méthodes de chant, et que les
plus belles traditions des grands maîtres de
l'art s'obscurcissent de plus en plus, et se
perdent complétement parce que leur enseignement reposait *non sur la science*, mais
sur la routine. — « Ce que l'on enseignait de
» bon sans le savoir, je l'explique, dit-il page
» 58 de son mémoire, ce que l'on n'enseignait
» pas, faute de le connaître, je l'apporte. —
» Je fais la lumière là où régnait l'obscurité,
» je substitue l'exactitude au tâtonnement,
» je remplace la fantaisie par la logique, et
» je constitue un enseignement théorique et
» pratique de mon art sur les débris de la
» routine.... » Il est impossible assurément
de parler plus magnifiquement de soi-même ;
à tout cela il n'y a qu'une chose à répondre,
c'est que malgré l'introduction de cette école
scientifique et depuis qu'elle tend à remplacer
le bon enseignement pratique des grands *rou-
tiniers* dont M. Bataille vient de parler avec
si peu de façons, depuis lors, dis-je, l'art du
chant est arrivé à un état de décadence dont
toutes les formules scientifiques ne le feront
pas sortir.

Que ces procédés nouveaux ne soient pas

immédiatement la cause de cette décadence,
cela se peut, mais dans tous les cas, ils n'ont
encore rien produit d'appréciablement bon.
On peut même ajouter, que leur emploi embarrasse la question beaucoup plus qu'elle ne
la simplifie, et que ce recours perpétuel à ces
mêmes formules démontre précisément la pau-
vreté, la stérilité de l'enseignement actuel. —
Faute de pouvoir guider l'élève dans la route
longue et difficile qui aboutit au talent, on lui
fait des descriptions anatomiques et physiologiques qui n'ont aucun rapport avec les études
pratiques du chant. A quoi servira à cet élève
de savoir, que le *thyroïde* est un cartilage si-
tué au-dessus du *cricoïde*, et de connaître la
mobilité des *aryténoïdes*, la position de l'*apo-
physe aryténoïdale*, le jeu de bascule du muscle *crico-thyroïdien*, les fonctions du muscle
thyro-aryténoïdien et du *sus-hyodiens*, etc?(1) A
quoi cela servira-t-il, je le répète, si ce même

(1) Les chanteurs les plus illustres, tels que Velutti, Crescentini, Garat, Rubini, la Pisaroni, la Malibran, la Cinti-Damoreau, etc., enfin cette légion
innombrable de virtuoses célèbres qui ont porté
l'art du chant jusqu'à la perfection, n'ont probablement jamais entendu prononcer tous ces noms
étranges.

élève ne sait ni produire ni filer un son avec
justesse? — Ce n'est pas avec des démonstra-
tions anatomiques que l'on formera son oreille,
son goût, et le mécanisme de son gosier.

Vous avez, dites-vous, «définitivement établi
» les règles positives de la science au moyen
» desquelles l'enseignement du chant ne peut
» plus ni varier ni dépérir. » Montrez nous-
en les merveilleux résultats, et que l'on voie
enfin sortir des Conservatoires de musique
des élèves connaissant au moins les principes essentiels et indispensables du chant,

Je l'ai dit plus haut, les observations scientifiques ont leur valeur assurément, les Diday,
les Longet, les Muller, les Pétrequin et
tant d'autres encore ont écrit sur ce sujet
des livres qui trouvent leur place dans les
bibliothèques de médecine ; — les grands
chanteurs feront très-bien sans doute de les
lire et de les consulter, car, il est toujours
bon de s'instruire et de connaître tout ce qui
se rattache à l'art que l'on cultive. — Ils pourront d'ailleurs y puiser d'utiles conseils pour
la conservation de leurs voix, mais comme
moyen d'enseignement pratique j'ose affirmer
que tout ce système scientifique, que tout

cet appareil d'instruments d'observations qui donne à une classe de chant l'aspect d'un cabinet de dentiste ou d'opérateur en chirurgie (1), que tout cela est bien plus nuisible qu'utile pour le véritable travail de la voix.

Je ne peux d'ailleurs pas admettre, qu'un élève puisse, avec un laryngoscope introduit jusqu'au fond de la bouche, donner un libre mouvement à sa voix naturelle. C'est cependant ce qui devrait absolument avoir lieu pour que les observations laryngoscopiques fussent définitivement justes et concluantes.

Ce qui constitue l'ensemble des études du chant ne peut se renfermer dans un cadre mathématique, ni se soumettre à des formules déterminées comme on pourrait le faire, par exemple, pour une invention mécanique ou pour la découverte d'une combinaison chimique qui, une fois pour toutes, deviennent des acquisitions certaines de la science.

— Non, le bon enseignement de l'art du chant, indéfini dans son application, dépend uniquement, n'en déplaise à M. Beulé, du

(1) Voir les planches qui se trouvent dans le *Traité de Chant* de M. E. Garcia fils, et dans la première partie de celui de M. Panoffka.

talent personnel de celui qui l'enseigne, et
nullement d'une théorie descriptive et anatomique de l'instrument vocal lui-même. On
aurait beau connaître la construction d'un
violon, d'un piano, d'une clarinette, savoir
même au juste le rôle que chaque muscle
du bras, des doigts, etc., remplissent dans
le travail de l'exécution, tout cela intéressant à savoir sans doute aurait peu d'utilité
pour les études mécaniques de l'instrument.

   M. Beulé reconnaît que jusqu'ici il y a
eu des « professeurs remarquables qui sans
» le secours de la physiologie et à l'aide
» seulement des ressources et des traditions
» de l'art ont pu former d'excellents élèves
» et même de grands artistes, mais qu'il faut
» considérer que les traditions sont essentiel-
» lement fugitives, que *l'oreille n'est pas*
» *toujours un guide suffisant*, et qu'on ne peut
» souffrir qu'un homme emporte avec lui en
» mourant l'art d'enseigner, etc. »

   Ce que je viens de citer n'est pas très-flat-
teur pour le corps enseignant actuel, mais
je n'ai pas à le défendre : ce qui m'étonne,
c'est d'entendre dire, qu'en fait de chant,
l'oreille ne peut plus être un guide suffisant.

C'est absolument comme si on voulait faire
de la peinture une science positive et mathématique dont l'enseignement serait soumis
à des calculs géométriques, sous prétexte
que les yeux, la main et le goût ne sont plus
des guides suffisants.

Il est évident, au contraire, qu'en rectifiant
l'oreille par un travail bien fait, on rectifie,
on ajuste en même temps la voix, et que
celle-ci obéit alors incontestablement aux
avertissements de la première. — Si la voix
est le mécanisme, l'oreille est son régulateur
infaillible.

Il y a assurément des voix incorrigiblement
fausses, mais l'oreille de ceux qui les possèdent est en général un bien mauvais juge en
musique, et ce n'est pas celle-là, en effet,
qu'il faut prendre pour guide. — J'admets
cependant jusqu'à un certain point, qu'on
puisse avoir la voix fausse et l'oreille plus
ou moins *compétente* en musique, mais je
n'admets pas qu'il puisse y avoir une voix
juste avec une oreille fausse. — Celle-ci, rec-
tifiée par l'étude et l'expérience, est donc non-
seulement un guide suffisant, mais même le
seul et le meilleur de tous.

Si, comme le soutient M. Beulé, il pouvait
en être différemment, que pourrait-on mettre
à la place? Le système scientifique que présente M. Bataille, probablement. — Mais l'exposition qu'il en fait lui-même au point de vue
pratique, n'offre rien de nouveau dans ce
qu'elle renferme de bon; elle demeure, en
outre, bien au-dessous de ce qu'il y aurait à
dire sur ce sujet si on voulait le traiter à fond.

Ce n'est pas tout ; je trouve encore, ainsi
que je le démontrerai tout à l'heure, que sur
quelques points de la plus grande importance
cette exposition s'écarte considérablement des
principes les plus généralement admis dans le
bon enseignement du chant. — Rien d'éton-
nant, d'après cela, ainsi que le reconnaît très-
franchement M. Bataille lui-même, « que ses
» investigations et ses efforts n'ont été ac-
» cueillis avec une bienveillance exception-
» nelle que par les hommes de la science, de
» la littérature et du monde, et qu'il n'a ren-
» contré jusqu'à présent de détracteurs que
» parmi les gens de sa sphère. » Les gens de
sa sphère sont probablement des artistes,
des professeurs de chant, bien autrement
compétents dans la question dont il s'agit que

les littérateurs et les savants qu'il a rencontrés dans le monde.

Aujourd'hui, ce qui manque essentiellement pour rentrer dans la bonne voie et reprendre les belles et anciennes traditions, qui ne s'obscurcissent que parce qu'on les abandonne volontairement pour s'attacher à des systèmes de fantaisie, ce qui manque, dis-je, ce ne sont pas précisément de bons professeurs, car il y en a certainement beaucoup encore, mais des professeurs qui, avec intelligence, veuillent prendre leur art au sérieux, — non pour produire à la hâte quelques ébauches de chanteurs comme nous n'en voyons malheureusement que trop, mais pour former avec patience, et par des études progressives et méthodiquement dirigées, des voix bien posées, bien justes, bien développées, bien souples, bien réglées.

C'est aussi à former le goût, le style de leurs élèves, à leur enseigner l'art de phraser, de nuancer, de colorer le chant avec les véritables ressources que l'on trouve dans l'expression et dans le charme de la voix elle-même, que ces professeurs devraient consacrer leurs efforts et leur talent.

C'est par leurs conseils, par leur exemple qu'ils devraient diriger ces élèves et les mettre en garde contre le genre déplorable du jour qui consiste à pousser certaines phrases avec une vigueur surhumaine, presque sauvage, pour mettre immédiatement à côté des contrastes en *pianissimo* qui ne sont plus que des grimaces du chant.

Il faudrait que désormais la prosodie ne fût plus maltraitée comme on se permet de le faire, même sur nos théâtres de premier ordre, et que, sans tenir compte du bon sens de la langue, on ne mit pas des longues sur des brèves, uniquement pour faire valoir des notes d'une qualité très souvent équivoque. Il faudrait qu'en France on sût au moins bien chanter le français, et qu'il en fût de même pour l'italien, l'allemand, etc., etc.

Il faudrait aussi que des inspecteurs habiles et très-compétents surveillassent avec une implacable sévérité les études dans les différentes classes des *Conservatoires* de musique, afin que ces études ne fussent pas livrées au caprice des inventeurs de systèmes. Il n'y a aucun remède de préservation contre le mauvais enseignement particulier.

Il faudrait enfin que dans ces *Conservatoires* ce fût au talent seul que reviendrait le droit d'enseigner, et non à des préférences de faveur que souvent rien ne justifie. Comment se fait-il, en effet, que la place considérable qu'occupait Mme Cinti-Damoreau au *Conservatoire* de Paris n'ait pas été remplie après elle par un autre talent de la même valeur, surtout quand on avait sous la main des artistes comme Mme Miolan-Carvalho, Mme Viardot Garcia et d'autres encore, moins célèbres sans doute, mais d'un mérite égal peut-être pour l'enseignement? Pourquoi enfin ne pas avoir, dans chaque grande ville, des agents sérieux et actifs chargés de recruter de belles voix, car il en existe encore, quoi qu'on en dise, et destinées à repeupler nos malheureux *Conservatoires*.

Toutes ces questions habilement présentées et développées à l'*Institut*, devant un jury des *Beaux-Arts*, eussent été de sa compétence, et mieux comprises sans doute que les raisonnements scientifiques et anatomiques dont je viens de m'occuper, et qui ne feront certainement pas avancer d'un seul pas la connaissance du chant.

CHAPITRE V

DE LA RESPIRATION

ET DU SYSTÈME DE COMPENSATION

DU PORT DE VOIX

> « Il faut ménager la respiration
> » assez habilement pour arriver à
> » la fin d'une phrase ou d'un trait
> » vocal sans fatigue apparente. »
> Mad. Cinti-Damoreau.

Tout ce que contient le mémoire de M. Bataille sur le meilleur mode de respiration est fondé, et c'est aussi de la même manière que l'ont toujours compris tous les grands maîtres de la bonne école.

La respiration *costo-supérieure* ou *claviculaire* a le grand inconvénient de provoquer à chaque aspiration un mouvement de poitrine et d'épaule, dont M. Bataille démontre les mauvais effets, au point de vue anatomique et pra-

tique en même temps (1). C'est donc au mode
costo-diaphragmatique qu'il faut avoir recours.
C'est par un simple gonflement des poumons,
dont le mouvement se fait dans la partie inférieure des côtes, que l'on obtient sans secousse, sans peine et sans effort une respiration régulière, naturelle et sans bruit.

Ce que l'on peut ne pas approuver dans le
mémoire de M. Bataille que nous venons
d'examiner, c'est ce que contient le chapitre
huitième intitulé : « Méthode de compensation », et dont voici la signification : *augmenter jusqu'aux dernières limites l'ouverture
de la glotte, et remplacer proportionnellement
la tension des ligaments vocaux par l'énergie
du courant d'air*; ce qui, en mécanique, équi-

(1) C'est cependant le mode de respiration que.
dans son enseignement, conseillait l'un des plus
célèbres chanteurs de l'époque précédente, *Lablache*:
« Aplatissez le ventre, disait-il, et remontez la
poitrine » (voir son *Traité de chant*). On ne peut assurément rien concevoir de plus vicieux. L'appareil
respiratoire comprimé de cette façon tend toujours
à redescendre au plus vite, et à laisser échapper
tout à la fois l'air qu'il renferme. Il en résulte un
mouvement fatigant et irrégulier de la respiration,
dont tout le monde peut facilement se rendre
compte.

vaudrait à dire : augmenter la force et la vitesse, non par les combinaisons bien calculées de l'engrenage, mais par l'abondance illimitée du combustible. — En théorie et en bonne pratique, c'est le contraire qu'il faut chercher.

Dans le chant, on doit s'attacher surtout à produire beaucoup d'effet et de son avec le moins de souffle possible. — C'est pour arriver à ce précieux résultat qu'il faut les leçons d'un maître habile, non pour expliquer avec des laryngoscopes ou des formules anatomiques la théorie scientifique du son, mais pour enseigner par l'exemple et par une démonstration claire et pratique la meilleur manière de faire.

C'est par une tension bien graduée, bien comprise des cordes vocales, dont la glotte est le véritable siége, que l'on obtient du mordant dans la voix et qu'on arrive à donner au son une énergie et un timbre puissant sans demander au souffle des efforts extraordinaires. Par ce moyen, la voix prend de l'éclat, de la portée et une résistance soute-

nue (1). — Mais une *méthode de compensation*
qui réclame un courant d'air considérable
pour augmenter dans une mesure égale un
volume de son que la glotte détendue ne
peut plus suffisamment produire, c'est de
tous les systèmes le plus pernicieux que l'on
puisse imaginer. — C'est absolument comme
si dans le jeu des instruments à anches on

(1) « C'est dans la glotte seule », dit le docteur Segond « que s'opèrent la formation et la modification
» des sons. C'est par des degrés variés de tension
» des cordes vocales qu'on peut atteindre avec la
» voix les différents degrés de l'échelle musicale.
» Il faudra surtout s'exercer à isoler parfaitement
» cette action. Beaucoup de chanteurs, au lieu de
» *pincer* vigoureusement leur glotte, cherchent à tirer
» de leur poumon un *si*, ou un *ut* aigus. Dans le
» poumon il n'y a que de l'air, et si on le fatigue
» trop il cède à la violence, et ses vésicules se
» déchirent...... »

« L'intensité dans le chant est un moyen extrême
» dont il faut être très-sobre. — On doit la réserver
» pour ces passages rares où le langage de la pas-
» sion exige la force et la violence. Lorsqu'on s'est
» exercé à donner du mordant à la voix, sans em-
» ployer beaucoup d'air, et lorsqu'on articule nette-
» ment, on est rarement obligé de forcer la voix
» pour se faire entendre dans une grande
» salle...... »

L. A. SEGOND,
(*Hygiène du chanteur*, p. 105-109.)

avait recours à des moyens compensateurs
du même genre. Quelle que fût, dans ce cas,
l'habileté des doigts, ou le souffle exagéré de
celui qui les joue, on n'entendrait, sans le
secours des lèvres qui donnent au ton le
mordant, la justesse et l'accent, que des sons
informes, ternes, flasques et complétement
dénués de vibration. Or, en raisonnant plus
ou moins par analogie, c'est aussi ce que doivent être des voix soumises au même régime.

Les anches, ou, si l'on veut, les lèvres
intérieures de la glotte, étant en réalité les
cordes sonores de la voix, ainsi que le démontre avec tant de clarté le savant physiologiste Muller, il devient dangereux d'inter-
vertir les rôles dans l'acte du chant, de faire
supporter à l'une des parties ce qui appartient absolument à l'autre, de changer, en un
mot, ce qui a été si admirablement combiné
et réglé par la nature. Si l'air que fournit le
poumon est le moteur, l'appareil vocal est et
doit rester l'instrument. — Cet appareil de la
voix humaine, dit le savant observateur dont
je viens de parler, est une anche à deux lèvres membraneuses : c'est le plus parfait de
tous les instruments de musique, puisque,

par la tension des cordes vocales, il peut, avec le même tuyau, donner tous les sons de l'échelle musicale.

Par ce qui précède, on comprendra que ce n'est pas précisément le travail bien combiné des ligaments du larynx qui amène promptement la fatigue de la voix, ainsi que le prétend M. Bataille, mais que c'est bien plutôt l'abus du souffle, l'appel rapide et exagéré de la respiration en remplacement du timbre glottique, qui peuvent en devenir la principale cause. C'est donc aux moyens que je viens d'indiquer, c'est-à-dire à la tension bien calculée des ligaments ou replis inférieurs de la glotte, et dont les grands professeurs de la bonne école connaissent le secret et l'emploi, qu'il faut avoir recours.

C'est par les mêmes procédés que, non-seulement les chanteurs, mais aussi les comédiens et les orateurs de la tribune et du barreau, savent avec peu de souffle donner du mordant à leur voix et conserver jusqu'au bout d'une longue carrière de la sonorité et de la vibration dans l'organe.

Il faut admettre, sans doute, que certains

morceaux, certains passages de chant pour
être rendus avec vigueur réclament quelquefois une forte poussée, une grande dépense
de force, mais, dans ce cas, c'est le chanteur sobre de ses ressources, maître de ses
moyens, qui trouve dans le tempérament
bien conservé de sa voix, ces élans magnifiques , ces superbes effets qui électrisent
tout un public.

Indépendamment des dangers physiques
que je viens de signaler, il y a aussi pour
la bonne exécution et la conduite d'une
phrase de chant un peu prolongée un inconvénient sérieux dans cette dépense ex-
cessive, et par conséquent rapide, du courant
d'air. Comment, en effet, donnerait-on à
cette phrase de chant toute l'expression ,
tout l'accent et toute la tenue qu'elle réclame, si, pour la produire, on avait besoin
d'une consommation de souffle qui ne per-
mettrait pas d'arriver convenablement jusqu'à la fin ?

Le système de *compensation*, nous dit
M. Bataille, donne à la voix la souplesse, la
légèreté, l'aisance et même la sonorité. En
bonne logique vocale, c'est absolument le

6

contraire qu'il doit produire. Pour s'en convaincre les chanteurs n'ont qu'à en faire
l'essai.

Ceux qui ont entendu M. Faure, du grand
Opéra de Paris, dans le rôle si long, si pénible, si compliqué de Hamlet, comprendront
que c'est par des procédés admirables de
gosier, et nullement par une dépense exagérée du courant d'air, qu'il obtient ces
merveilleux et puissants accents qui font
son brillant et légitime succès, s'il le
faisait, il ne conserverait pas jusqu'à la fin
cette magnificence de voix qui ne le trahit
pas un seul instant. — Jamais, en effet, on
n'a su utiliser avec plus d'art les ressources
des différents timbres, les unir, les moduler,
les varier, les fondre ensemble, ni passer
avec plus d'habileté de l'un à l'autre et
donner par conséquent une plus grande valeur aux phrases de chant qu'il ne le fait
dans ce rôle, qui est à coup sûr la plus
belle de toutes ses créations au théâtre.

Le célèbre physiologiste Muller a fait sur
la production et l'élasticité du son des expériences très-curieuses. Il a introduit dans
le larynx d'un cadavre un courant d'air, au

moyen duquel il lui a fait produire une
quinte complète, rien qu'en augmentant l'intensité du souffle. C'est peut-être cette expérience qui a fait naître l'idée du *système
de compensation* : mais il ne faudrait pas
perdre de vue que les chanteurs n'ont pas
dans leurs poumons le soufflet dont s'est
servi le professeur Muller pour faire chanter
son cadavre.

Il n'entre nullement dans mes idées de
traiter la question du chant au point de vue
physiologique, cela n'est pas de ma compétence. Mais, comme il est question ici de
tout ce qui se rattache à l'acte de la respiration, je ne peux m'empêcher, dans l'intérêt
de l'opinion que je viens de soutenir, de présenter quelques observations des grands physiologistes qui s'en sont occupés d'une manière spéciale. Des expériences comparatives,
faites avec le plus grand soin par Laënnec,
Dalton, Wurzer, Herbst, Bostock, et bien
d'autres encore, ont démontré que, dans les
fonctions ordinaires de la vie, le terme moyen
de la respiration étant de 16 à 18 pouces
cubes d'air par chaque respiration, il résulte
de là que le poumon est traversé par environ

380 pouces cubes d'air par minute, c'est-à-
dire, par plus de 460,000 dans les vingt-qua-
tre heures.

La consommation extraordinaire d'air que
fait le chanteur dans le travail ou l'acte du
chant pouvant être portée à trois et quatre
fois au-delà, on comprend le danger qu'il y a
pour lui à rechercher ses principaux effets
de sonorité, non dans les ressources habilement utilisées de l'appareil vocal lui-même,
c'est-à-dire, dans le véritable instrument de
la voix, mais dans l'exagération du courant
d'air qui nécessite, ainsi que je viens de
le démontrer, un retour beaucoup plus fréquent et bien plus énergique de la respiration.

Pour compléter mon raisonnement, je crois
utile d'ajouter ici quelques considérations
hygiéniques que me fournit encore l'ouvrage
de M. le docteur Segond (1) : « Lorsque le
» chanteur saura, dit-il, qu'en respirant il
» brûle sa propre substance, et que la répa-
» ration ne se fait que par les aliments, il
» comprendra qu'en respirant beaucoup plus

(1) L. A. Segond, *Hygiène du chanteur.*

» que l'homme qui ne chante pas, il doit
» réparer ses énormes pertes par une nour-
» riture des plus substantielles (1). Evidem-
» ment, il n'est pas d'état physiologique
» dans lequel la respiration soit aussi exagé-
» rée que dans le chant. — Dès lors, on
» comprend tout le soin que le chanteur de-
» vra apporter à son alimentation, car que
» résulte-t-il de l'ignorance de ces principes?
» C'est que beaucoup de jeunes artistes ou
» *dilettanti*, se livrant avec ardeur à l'étude
» du chant, pensent ménager leur larynx en
» ménageant leur estomac. Au bout de quel-
» que temps l'épuisement arrive, la voix
» s'éteint ; ils s'imaginent que le travail ou
» une méthode vicieuse la leur a brisée, tandis
» que la véritable cause de cet affaiblissement
» est une alimentation insuffisante », etc.

Or, cette perte de force, que l'on ne peut
prévenir ou réparer que par une nourriture
substantielle, provient, non pas de l'emploi
bien ménagé et bien compris des cordes vocales, mais des efforts du poumon dans l'acte
de la respiration, c'est-à-dire, par la quantité

(1) Voir également ce que dit à ce propos M. Ed-
wards (*Archives générales*, 2e série, tome 7.)

d'oxygène constamment absorbée en respirant et immédiatement renvoyée par le poumon sous la forme d'une combinaison hydro-
génée ou carbonée.

DU PORT DE VOIX

Ce qu'il est également permis de ne pas
approuver dans la méthode de M. Bataille,
c'est ce qu'il dit au chapitre troisième de son
Mémoire sur l'usage « *presque continuel du
port de voix* qu'il a adopté dans son enseignement » (1).

Le *port de voix* est assurément une très-
bonne chose, et il a sa place dans le cours
des études comme tous les autres exercices
y trouvent la leur ; mais, l'employer systématiquement et d'une manière presque continuelle dans le travail habituel, c'est donner
à coup sûr à la voix un caractère mou, traî-
nard et incertain. C'est, en outre, exposer

---

(1) Il est très important de ne pas confondre la
liaison des sons entr'eux, c'est-à-dire, l'art de les unir,
et le port de voix qui est une chose bien différente
et qui consiste à faire entendre une petite note
accidentelle avant de poser la note portée sur celle
qui la reçoit.

par là les chanteurs aux *couacs* fréquents que
M. Bataille croit au contraire prévenir par
sa méthode. — Cela se conçoit et il ne faut
que le simple bon sens pratique pour le comprendre.

Les voix habituées à procéder par *port de
voix* seront peu solides, peu affermies dans
l'émisson *spontanée* du son. Or , *toutes* les
phrases de chant commencent par un *son
spontané*, et jamais par un *port de voix*, qui
ne peut servir qu'accidentellement à porter
le son d'une note déjà émise sur une autre
note de la même phrase.

J'avoue, en outre, qu'en fait de travail de
chant, je n'aime ni les expédients, ni les pal-
liatifs. Ce travail doit se faire franchement,
et servir précisément non à éluder des difficultés, mais à les vaincre, à les aplanir, à
s'en rendre maître, toujours, bien entendu,
dans la limite des moyens particuliers à chaque genre de voix. Quant aux expédients, on
n'y arrive, hélas ! que trop tôt quand la fatigue de l'organe l'exige, mais alors ce ne sont
que les chanteurs vraiment habiles qui sa-
chent encore tirer parti avec adresse de ces

moyens accessoires qui masquent en partie
les altérations de la voix.

Je crois m'être bien expliqué, ce n'est pas
le *port de voix* en lui-même qu'il faut blâmer,
il est même très-souvent indiqué et écrit, et
son emploi devient alors nécessaire. Souvent
aussi dans l'exécution de certain passage
d'un abord difficile ou pénible à prendre d'emblée, on peut avec succès l'appeler à son aide,
pourvu toutefois qu'il ne nuise ni à la prosodie, ni au sens de la phrase musicale. — Ce
qu'il est permis de ne pas approuver, c'est
l'abus du port de voix, et surtout « son em-
» ploi presque continuel dans le travail. ».

Ce qui a été une des plus éminentes qualités de l'immense talent de Duprez était
précisément la netteté, l'indépendance correcte et accentuée du son. C'était, pour ainsi
dire, chez lui, comme un clavier vocal où
chaque note avait sa place. On pourrait en
dire autant de tous les grands chanteurs de
la même école. C'est cette précieuse qualité
que l'on retrouve encore chez certains artistes éminents de notre époque, et que l'on ne
pourrait acquérir par une gymnastique pres-

que continuelle du *port de voix* comme base
du travail.

Si, dans l'examen que je viens de faire des
théories scientifiques appliquées aujourd'hui
à l'étude du chant, j'ai pris de préférence M.
Bataille et ses raisonnements pour point
d'observation, cela s'explique par la raison
que ce professeur s'est fait, devant le jury des
beaux-arts, qui en a vanté et couronné les
principes, l'organe officiel de tout le système
nouveau dont nous venons de parler.

Mon intention, en écrivant ce qui précède,
n'a pas été de contester les avantages que
l'on peut retirer des investigations de M.
Bataille, ou de blâmer les travaux auxquels il
s'est livré, en vue d'analyser et de faire connaître toutes les parties dont se compose
l'appareil vocal, et le rôle que remplit chacune d'elles dans l'acte du chant. Comme
raisonnement scientifique, ses idées sont
d'accord, je crois, avec celles des grands
physiologistes qui ont traité ce sujet au même
point de vue que lui, sauf, cependant, la
théorie de la fameuse *ligne médiane,* qui lui
est propre, et dont je ne me permettrai pas de
discuter la réalité. Seulement, il ne faudrait

pas que par amour pour la science expéri-
mentale on abandonnât dans l'enseignement
pratique les belles traditions des grands
maîtres du chant.

Je sais parfaitement qu'entre les mains de
M. Bataille tous les systèmes deviennent bons
par l'emploi que son intelligence musicale et
son expérience du chant savent en faire, mais
il n'en est pas de même de la grande masse
des professeurs pour qui l'usage du laryngoscope et des procédés scientifiques qui s'y
rattachent deviennent impraticables.

Il est donc indispensable de s'en tenir à
des méthodes de chant simples, claires, cor-
rectes, d'une application facile à comprendre et à mettre en pratique, et c'est ce que
fait M. Bataille, lui-même, en terminant son
mémoire quand il nous dit : « Savez-vous
» comment Porpora (1) s'y prenait pour for-
» mer un élève ? Pendant cinq ans, il l'obli-
» geait à travailler une page d'exercices de
» vocalisation, UNE SEULE, jusqu'à ce que
» l'élève fut parvenu à l'exécuter avec per-

(1) Porpora a été un des plus grands et des plus
célèbres professeurs de chant de l'ancienne école
italienne.

» fection ; alors seulement il le congédiait
» en lui disant : *Va, maintenant tu es un*
» *grand chanteur !* Et Porpora disait vrai, car
» on n'est jamais un grand chanteur qu'à la
» condition de posséder un mécanisme vocal
» parfait ». Cette petite anecdote est très-
connue, mais j'ai cru devoir la rappeler à
ceux qui veulent travailler sérieusement le
chant. J'ajouterai, en outre, que si M. Bataille eût établi tout son système d'enseignement là-dessus, tous les *gens de sa sphère*
eussent été de son avis.

Dans le chapitre suivant, nous allons tâcher d'expliquer ce qu'il faut entendre par
des méthodes de chant simples, claires et
pratiques, et telles enfin que les comprenait
la grande école italienne dont il vient d'être
question.

CHAPITRE VI.

TRAVAIL DE LA VOIX

> « L'art de communiquer la science est
> » plus rare que la science elle-même;
> » aussi voyons nous beaucoup de vir-
> » tuoses incapables de faire un élève, et
> » cependant tout le monde s'y laisse
> » prendre. Comme il chante! Comme il
> » joue! donc il doit être bon maître!
> » Erreur funeste à tous. »
>
> J. H. MEES,
> *Directeur de l'Ac. de musique de Bruxelles.*

> « A quoi reconnaître le bon maître de
> » chant? A l'élève qu'il fait. »
>
> GRÉTRY.

Rigoureusement parlant, il n'y a pas de voix absolument juste dans son état naturel. Toutes, même les meilleures, ont toujours quelques imperfections, quelques défectuosités qui ne disparaissent complètement que par le travail de la vocalisation; que l'on juge par là de ce que sont les médiocres et les mauvaises, dont le nombre est considérable. C'est donc à ce travail qu'il faut s'adresser pour ar-

river à la parfaite égalisation de toutes les
parties d'une voix.

Selon M. Bataille, « on chante faux par
» trois raisons (1), ou c'est l'oreille qui est
» fausse », dit-il, « ou c'est le larynx, ou ce
» sont l'un et l'autre à la fois. Je laisse de
» côté le premier cas, d'abord parce que la
» physiologie de l'oreille est en dehors de
» mon sujet, ensuite parce que ce cas est le
» plus rare *chez les personnes accoutumées aux*
» *auditions musicales*. Le troisièms cas étant
» semblable en grande partie au second, je
» me contenterai d'analyser ce dernier. » Or,
ce qu'il entend par le dernier cas, c'est tout
simplement la *ligne médiane*, dont j'ai suffisamment parlé, inutile d'y revenir.

La définition donnée par M. Bataille, et
que je viens de citer, n'a, en réalité, aucune
signification technique, car il en résulterait,
si elle était vraie, que les habitués de l'Opéra,
que les amateurs des concerts *accoutumés aux*
auditions musicales, devraient, par cela seul,
pouvoir chanter juste, ce qui est tout-à-fait
inexact. Je vais plus loin encore, et j'ajoute,

(1) M. Bataille, *De la Physiologie appliquée à l'étude du*
mécanisme vocal (page 11.)

que je connais une infinité d'instrumentistes de premier ordre, qui, mieux que personne, ont l'habitude des *auditions musicales*, qui lisent et exécutent tout à première vue, et qui sont incapables cependant de faire avec leur voix une gamme à peu près juste. Non que leur oreille ne soit excellente et d'une exactitude irréprochable dans l'exécution instrumentale de leur spécialité, mais parce que leur voix inexpérimentée et inculte ne peut obéir à la seule autorité de l'oreille (1).

A mon tour, je poserai d'une autre façon les trois propositions dont nous venons de parler, et je dirai : on chante faux par trois raisons. La première parce que la voix est fausse et probablement l'oreille aussi, il y a peu de remède à cela ; la seconde, parce qu'avec une oreille et une voix naturellement justes, on n'a jamais fait de travail sérieux pour leur complète rectification ; la troisième, parce qu'avec toutes les qualités,

(1) Le célèbre pianiste Thalberg, excellent musicien assurément, nous apprend que pour former son goût et son oreille « il a pendant cinq ans personnellement étudié le chant sous la direction de l'un des plus célèbres professeurs de l'école italienne... »
(S. THALBERT. *L'art du chant appliqué au Piano*).

même les plus précieuses, les voix les mieux
organisées sont souvent irrémédiablement
faussées par un mauvais travail, et le nombre de celles-ci est incalculable.

Examinons maintenant par quels moyens
on arrive, non-seulement à éviter ce résultat
déplorable, mais encore quels sont ceux qui
peuvent conduire au talent. C'est ce que je
vais essayer de faire en traçant le cadre dans
lequel on doit placer l'éducation d'une voix
toute neuve, cela s'entend, car pour celles
qui ont été faussées ou déréglées par des
études mal faites, on ne peut donner aucun
conseil, puisque, dans ce cas, les procédés
à employer pour leur redressement, s'il y
en a encore de possibles, dépendent toujours
de l'état dans lequel se trouvent les voix
elles-mêmes. Je ne m'occuperai donc que des
premières dont l'enseignement me semble devoir se composer de trois catégories ou degrés
d'application.

Tout d'abord, je fais entrer en première
ligne, la pose de la voix, c'est-à-dire la manière d'émettre, de soutenir et de *filer* le
son avec la plus grande pureté et la plus
belle émission de voix possible ; ensuite l'é-

tude lente et correcte de tous les intervalles,
soit en montant, soit en descendant, dans
tout le *parcours naturel et particulier à chaque chanteur*.

Dans ce qu'on appelle la *pose* et la tenue
de la voix, le son doit être posé nettement,
sans secousse, bien en dehors, et d'une manière aussi égale que possible. — Il faut qu'à
son émission la voix prenne tout de suite
du mordant, du timbre sans dureté, de l'ampleur sans exagération. — Pour cet exercice
fondamental on partira de *l'ut* inférieur 6 (1),
et l'on montera *diatoniquement*, et toujours
dans le même système, jusqu'à la limite que
l'on pourra atteindre sans cris et sans efforts.
— On doit s'arrêter là, et redescendre ensuite de la même manière. — Il faut pour
chaque note respirer librement et lentement ;
— la tenue de cette note durera autant que
la respiration bien nourrie, bien soutenue le
permettra ; on évitera de la prolonger jusqu'à
épuisement total du souffle.

A mesure que la voix prendra de l'aplomb,

_____

(1) Voir à la fin le tableau chiffré des différentes
catégories de voix.

de la solidité on cherchera à nuancer la note..

— En l'attaquant *piano* on renforcera graduellement le son autant que l'organe s'y
prêtera, et, par un effet inverse, on le ramène-
ra, en le radoucissant progressivement, à son
point de départ. — C'est ce qu'on appelle *filer
le son*. Beaucoup d'élèves, et même de chanteurs attaquent et terminent *le son filé* avec
une douceur exagérée, presque incolore. —
C'est une affectation de mauvais genre et
de mauvaise école. — Il faut assurément
mettre beaucoup de douceur à son émission
et à sa terminaison, mais on doit cependant
donner immédiatement du son à la note *filée,*
et en conserver suffisamment jusqu'à la fin.

Que le son soit enflé ou diminué, sa justesse ne doit pas varier. — C'est précisément
en maintenant solidement le gosier au même
niveau malgré la poussée du souffle qui ten-
drait nécessairement à l'en faire sortir, que
l'on obtient du timbre dans la voix, et cette vibration naturelle qui donne du relief, du charme, et de l'accent à une phrase de chant, (1).

(1) Par le timbre et la vibration, je n'entends pas
ce tremblement factice que certains chanteurs adoptent et produisent partout et toujours.

7

— C'est par la vibration et par le timbre
que le son porte loin, et qu'il se répand dans
toutes les parties des plus grandes salles. —
Les voix ternes et plates qui en sont dépourvues, restent sur place, et n'arrivent que
péniblement, que lourdement à l'oreille de
l'auditeur, quels que soient, d'ailleurs, les
efforts des chanteurs qui les produisent. — Ce
que je viens de dire peut s'appliquer également aux orateurs en général. — Ce ne sont
pas ceux qui parlent le plus fort que l'on
entend le mieux, mais ceux dont la voix est
d'une émission bien calculée et bien timbrée.

Pour ce qui concerne l'intervalle des *secondes*, on observera la même règle que pour
le son filé. — C'est quand la première note a
atteint son plus grand développement que l'on
passe à la seconde. — Ceci est la règle dans le
travail de la vocalisation, car il est inutile
d'ajouter que, plus tard, dans l'exécution
musicale, il ne peut y avoir rien d'absolu
quant à la nuance. C'est alors le goût du
chanteur ou le caractère particulier de la
phrase de chant qui en décide.

Cet exercice essentiel des *secondes* demande
a être travaillé avec le plus grand soin. Il

a une importance dont on ne tient malheureusement pas assez compte. Pour porter la
voix d'une note à l'autre il faut éviter de
la traîner, mais on doit également éviter d'en
saccader le passage. C'est par une détente
bien indépendante, bien articulée du gosier,
que le son franchit distinctement ce petit
intervalle.

Pour rendre ma définition aussi saisissable
que possible, je dirai que le passage mécanique d'un degré à l'autre, c'est-à-dire entre
deux notes contigües, doit plus ou moins
produire l'effet d'un ressort, ou d'un taquet
d'engrenage qui, à chaque détente, trouve
un point d'arrêt invariable.

Si ce mouvement du gosier est habilement
démontré, et s'il est régulièrement articulé,
on chantera rarement faux, car, dans ce cas,
si du moins l'oreille est bien disposée, la note
viendra instinctivement prendre sa place naturelle. — Si, au contraire, on traîne molle-
ment la note d'un degré à l'autre, ce passage
deviendra mou et pâteux, et offrira toujours
de l'incertitude dans la justesse. — Dans ce
dernier cas, on produira des *secondes* alternativement trop hautes ou trop basses en

montant, mais généralement trop hautes en descendant.

On remarquera que le petit mouvement mécanique dont je viens de parler sera plus distinct en descendant qu'en montant. Loin de s'opposer à la liaison des notes entre elles, il la facilitera, ou pour mieux dire, elle se produira tout naturellement d'elle même. On pourra alors radoucir, unir, fondre emsemble les divers intervalles, nuancer en sens divers leurs différents passages sans crainte de sauter à côté.

Au lieu de nuire à la souplesse de la voix, le procédé que j'indique ne peut donc au contraire que la développer par la certitude qu'il donne dans l'exécution. — Par l'articulation indépendante qu'il procure, il aura aussi le grand avantage de préparer le gosier aux exercices d'agilité (1).

(1). Beaucoup de personnes se figurent que, dans la voix, souplesse et flexibilité est le synonime d'agilité, de légèreté. — Elles se trompent. — Ces deux choses ne sont pas incompatibles assurément, mais elles ne se trouvent pas toujours réunies. Les voix souples et flexibles sont des voix parfaitement égalisées, et qui se prêtent à rendre avec docilité et avec charme, toutes les nuances, toutes

Les *tierces*, les *quartes*, les *quintes* etc.,
jusqu'à *l'octave*, et au delà, en un mot, tous
les intervalles seront travaillés de la même
manière et avec le même soin. — Ils le seront
successivement de bas en haut, et dans le
sens opposé, sur tous les degrés de l'échelle
particulière à chaque genre de voix.

Les exercices des intervalles ne se bornent
pas seulement à porter la voix d'une note
sur une autre, mais ils ont particulièrement
pour objet de l'exercer dans les diverses combinaisons que peuvent fournir ces différents
intervalles. — Les *méthodes* de chant renfer-
ment des études variées et toutes faites pour
ce genre de travail, le meilleur de tous pour

les intentions, toutes les tournures les plus variées
du chant.

La légèreté et l'agilité donnent, à leur tour, les
moyens d'exécuter avec netteté et précision les
traits de chant les plus vifs, les plus rapides, et
les plus brillants dans leur forme et leur parcours.

Les voix d'hommes arrivent souvent à la plus
remarquable souplesse, mais elles se prêtent rarement à la grande agilité que l'on remarque généralement chez les femmes. — Je dirai toutefois, que
si les *sopranistes* dont il est question dans mon PRÉ-
LUDE, atteignaient à une agilité de vocalisation in-
connue aujourd'hui, cela tenait à des raisons physiologiques dont je ne crois pas avoir à parler ici.

régulariser la justesse, pour assouplir l'organe,
pour faciliter la fusion des registres, et enfin,
pour aplanir, autant que possible, les inéga-
lités que l'on rencontre dans le plus grand
nombre de voix. C'est aux bons maîtres à
choisir dans ces études celles qui repondent
le mieux [à l'emploi qu'ils doivent en faire,
ou à en créer eux-mêmes de spéciales pour
les difficultés particulières qu'ils sont appelés
à combattre.

Pour assurer la justesse de toutes les *intermédiaires* (1) d'un exercice montant on doit
fixer très exactement la voix au départ, et
pour faciliter le retour descendant, appuyer
légèrement sur la supérieure. — Si dans un
trait de plusieurs notes on accentue distinctement la *seconde* du point de départ inférieur
ou supérieur, tout le reste se déroulera d'une
manière facile et coulante.

A mesure que la voix, prendra de l'agilité,
les exercices se feront dans tous les mouve-

(1) Par *intermédiaires* j'entends les notes qui se
trouvent renfermées dans un intervalle quelconque.
Les *intermédiaires* de la *quarte* de *ut* à *fa*, je suppose,
sont nécessairement le *ré* et le *mi*. Celles de la *quinte*,
d'*ut* à *sol*, le *ré*, le *mi* et le *fa* etc., et ainsi de
suite, soit en montant soit en descendant.

ments. Des plus lents on passera progres-
-sivement aux plus rapides, mais on le fera
toujours d'une façon régulière, correcte, bien
mesurée, et surtout sans permettre à la voix
de s'emporter, et d'aller plus vite que la
volonté.

On ne saurait croire combien une difficulté
quelconque , sérieusement vaincue par un
travail bien fait, donné de facilité et d'aisance pour en surmonter d'autres. Ce béné-
fice est à la voix ce que l'épargne est au capital. On dit en effet dans le commerce, que
le premier fonds est le plus difficile à gagner,
et qu'ensuite l'argent attire l'argent. — Il
en est de même dans le chant. Quand les
premières assises vocales sont bien solidement
établies, quand tout ce travail élémentaire
a, une fois pour toutes, parfaitement réglé
la voix et l'oreille, enfin quand le fonds est
bien préparé, bien ajusté, il n'y a plus qu'à
semer pour récolter.

Quand, au contraire, cette éducation première est vicieuse, quand elle pêche essentiellement par la base, ainsi que cela se voit
malheureusement quatre vingt dix fois sur
cent, pour ne pas dire plus, on a beau faire

plus tard, il reste toujours chez le chanteur
formé de cette manière, de grandes défectuosités à côté des plus belles qualités.

On trouvera peut-être tous ces détails un
peu minutieux. — A cela je répondrai, que
je n'écris pas pour les habiles mais pour ceux
qui ne le sont pas. — L'expérience nous apprend d'ailleurs tous les jours à quel point
la plupart des professeurs de chant se montrent négligents ou incapables, dans ce premier travail de la vocalisation, dont dépend
cependant le plus souvent tout l'avenir d'une
voix. Au risque de se répéter, on ne saurait
donc trop insister là dessus. — J'ajouterai
aussi que ne voulant pas donner à ce travail
le caractère d'une *méthode* de chant, qu'étant
privé, par conséquent, des ressources que
fournissent les exemples notés, je dois, pour
être compris, m'adresser à celles que je puise
dans le raisonnement.

Toute cette première partie des études doit
être faite *diatoniquement*. Quelques professeurs adoptent, dès le début, le mode *chromatique*. C'est à coup sûr un très mauvais système, car, de cette façon, le tempérament de
la voix et celui de l'oreille, flottant toujours

dans des fractions de tons très difficiles à
ajuster, prennent de l'incertitude et n'arrivent
pas à cette fermeté d'intonation qui doit immédiatement entrer dans le casier vocal.

La seconde partie de mon programme se
composera d'une série d'exercices variés et plus
compliqués que ceux de la première. Dans ces
exercices se trouveront reproduits sous toutes
les formes, et dans tous les mouvements *propres à chaque élève*, l'emploi et la combinaison
en tous sens de tous les intervalles dont le
travail de la première partie aura assuré d'a-
vance l'usage et la plus rigoureuse justesse.

Pour donner de l'attrait et de la variété
au travail de cette seconde partie, on y in-
troduira une série d'études pour la voix d'un
genre agréable à chanter, et qui par leur
forme appartiendront déjà à une première
catégorie de *vocalises*. — Ces *vocalises* devront
être combinées de façon à exercer non-seulement le côté mécanique de la voix, mais
aussi sa partie sensible et expressive. Elles
auront également pour objet de mettre en
jeu l'emploi intelligent des différents timbres,
et d'apprendre à en bien calculer l'usage, la
puissance et les effets.

Dans cette seconde période du travail on fera aussi entrer des exercices du mode *chromatique*. — On pourra également s'occuper de l'étude prudemment conduite du *trille*. — Certaines voix le possèdent naturellement et le font, pour ainsi dire, sans travail. C'est un don particulier et très-précieux. Celles qui ne l'ont pas, ne l'obtiennent quelquefois jamais ; cela fait souvent le désespoir de bien des chanteurs, très-habiles du reste. — Quoi qu'il en soit, il ne faut pas faire un abus immodéré de cette étude, si simple en apparence, mais qui cependant, faute de précautions, peut devenir fatigante à la longue.

Que l'on possède le *trille* ou qu'on ne le possède pas naturellement, il est pourtant bon de le travailler plus ou moins tous les jours, d'abord, parce qu'avec une certaine persévérance on peut l'obtenir complètement (1), et qu'ensuite, par ce battement bien accentué, bien martelé du gosier, on donne beaucoup d'indépendance, de netteté et de justesse à l'intervalle des *secondes*. — Or, par cette in-

(1) On cite toujours la célèbre Pasta qui n'avait obtenu le trille que par un travail opiniâtre.

dépendance, on facilite singulièrement l'exécution du *trait*, qui, en définitive, n'est qu'une succession rapide de *secondes* bien articulées.

Pour que le *trait*, (la roulade autrement dit) se déroule d'une manière nette, limpide et perlée, il doit procéder exclusivement du gosier et de son mécanisme, et jamais d'une secousse expiratoire de la poitrine. — Il en est de même pour les gammes *chromatiques*, le plus difficile et le plus délicat de tous les exercices de vocalisation. — Mme Cinti Damoreau qui a porté l'art du chant jusqu'à la perfection, disait à ses élèves, qu'il fallait suivre de la pensée, nommer mentalement, pour ainsi dire, toutes les notes d'une gamme chromatique, quelque rapide qu'elle fût, afin que toutes suivissent exactement, échelon par échelon, l'espace à parcourir. » — Ces conseils sont d'autant plus justes et utiles que, pour ce genre de trait, on ne nous fait entendre le plus souvent, d'un point à un autre, que de longues fusées plus ou moins articulées, et contenant un nombre de notes dont le total serait rarement exact si on en faisait juste le compte.

C'est donc par des exercices lentement

et correctement faits que l'on doit d'abord
travailler l'échelle *chromatique*. — Peu à peu,
et à mesure que l'on en fixera bien tous les
degrés dans le casier vocal, on en augmen-
tera la vitesse et le brillant. — Mais je le
répète ici encore une fois, c'est par le seul
mécanisme du gosier que doit s'opérer le
mouvement de détente qui sépare les degrés
entre eux. — Il faut, surtout, éviter de se-
conder le rôle de la vocalisation par des
tremblements de mâchoire dont l'effet est
toujours des plus disgracieux (1).

J'examinerai plus loin la question très importante de la fusion des différents registres
de la voix, difficulté capitale, mais qui sera
déjà presque aplanie, si le travail que j'indique jusqu'ici a été bien compris et bien
fait.

La troisième partie des études est celle des
vocalises et des exercices lyriques. — On devra en régler la marche et l'usage de la ma-

(1) La célèbre Catalani, malgré son incomparable
talent, avait cet affreux défaut, que l'on remarque
malheureusement aussi chez bien des artistes célèbres de notre époque, et qu'il est inutile de nommer
ici.

nière la plus intelligente, la plus progressive,
et surtout la plus conforme aux ressources vocales, physiques et intellectuelles des élèves.
— C'est dans cette classe de grande vocalisation que tout ce qui se rattache à l'enseignement supérieur et général du chant et
de la musique devra être démontré et mis
en pratique (1).

Toutefois, il est indispensable d'ouvrir chaque séance de travail par une revue jour-
nellement variée de quelques exercices des
deux premières parties, dans laquelle figu-
rera toujours, en première ligne, celui des
sons filés.

Tout l'art mécanique du chant, ou ce qu'on
appelle la méthode, est renfermé dans ce que
je viens de dire, seulement, il y est renfermé
comme toute les combinaisons infinies des
mathématiques se trouvent contenues dans
les signes des nombres et les quatre grandes
règles fondamentales, c'est-à-dire, que le cadre que j'indique n'est que le thème inépui-
sable du travail qu'il faut entreprendre pour
arriver au talent.

(1) Je reviendrai sur cette question au chapitre
CONSERVATOIRE DE PARIS.

Par ce qui précède on comprendra, ainsi
que je le disais en commençant, que les mots
de méthode allemande, française ou italienne
ne peuvent plus avoir aujourd'hui de sens
vrai, puisque partout le travail de la voix,
s'il est bien fait, doit être le même, et que
ce qui est faux ou juste en France, en Italie,
etc., l'est également ailleurs. — En définitive,
ce travail est à la voix, ce que la grammaire est à la langue, et la méthode, pour
me servir du mot consacré, doit être con-
sidérée comme étant l'orthographe du chant.

Reste maintenant le genre que chaque
chanteur parvenu à une certaine force pourra
adopter. — Arrivé dans la classe supérieure
de vocalisation et d'exercices lyriques , il
devra nécessairement travailler des morceaux
de chant choisis avec soin, et appropriés au
caractère et aux dispositions particulières de
sa voix. — Par ce moyen il se perfectionnera
en *français*, en *allemand* ou en *italien*, selon
son goût, dans l'art de la prononciation.

Quant aux *vocalises* elles mêmes, loin *de
faire leur procès*, on ne peut, au contraire,
les trop recommander aux élèves devenus
assez forts pour les chanter , car elles

sont le meilleur moyen de former le goût,
le style, la manière de phraser, de nuancer
et de colorer le chant, sans autre secours
que l'accent et l'expression de la voix. —
D'ailleurs, dans les *vocalises* elles-mêmes, qui
sont, en d'autres termes, des airs sans paroles
chantés comme les autres exercices sur la
voyelle *a*, on doit avec discernement suivre
une marche progressive, qui du plus facile
conduit finalement au plus difficile.

Les *vocalises* doivent avant tout se chanter correctement, mais aussi avec goût, avec
sentiment, et avec toutes les intentions vocales qui en font le charme et la valeur.
— Les expédients au moyen desquels les
chanteurs cachent souvent leurs défauts ne
sont pas admissibles dans ce genre d'exercices.
— Les petites notes *brisées* accidentelles, ou
appogiatures, demandent une articulation nette et distincte. — Il est bon d'en appuyer
le point de départ d'un léger coup de gosier
qui en marque la détente. Les *gruppettos* de
3, de 4, et même de 5 notes doivent se
faire d'une manière bien accentuée, bien
égale, bien liée ; les mauvais chanteurs les
écourtent, les déforment et montrent par là

leur faiblesse. — Il est superflu d'ajouter que
tous les traits d'agilité demandent une parfaite exécution non-seulement dans la forme
mais aussi dans le coloris.

Plusieurs professeurs, très-célèbres du reste, préoccupés, ainsi qu'on l'a vu, des difficultés que présente pour le chanteur la
parole mise à côté de la musique, font indistinctement vocaliser leurs élèves sur toutes les voyelles *a, e, i, o, u* : ils croyent,
par ce moyen, façonner la voix à tous les
mouvements de la prononciation. Ce système
est très-mauvais, car c'est en quelque sorte
sacrifier d'avance la réalité pour l'ombre et
compliquer beaucoup encore ce que l'on a
en vue de simplifier.

Que cherche-t-on, en effet, dans un bon
travail de vocalisation ? On cherche à ouvrir
la voix, si je puis m'exprimer ainsi, à
la développer, et à en utiliser toute la valeur. Dans le vrai sens du mot, vocaliser ne signifie pas précisément l'art de
faire des roulades, ainsi que bien des personnes se le figurent, mais celui de poser
la voix, de la soutenir avec égalité et justesse, de l'assouplir à tous les mouvements

du chant lents ou rapides, d'enchaîner d'une
manière complète les sons entr'eux, d'unir
ensemble les différents registres de façon à
ne laisser aucun embarras dans le passage
de l'un à l'autre, en un mot, d'en faire un
instrument aussi beau, aussi parfait, aussi
docile que possible. Pour obtenir ce résultat, toutes les notes doivent être produites
de manière à ne rien dissimuler à l'attention du professeur. Or, le meilleur de tous
les procédés pour y arriver est de faire vocaliser sur la voyelle *a* (1). Par ce moyen,
la voix mise à nu, pour ainsi dire, se trouve
dégagée de tout ce qui pourrait en masquer
les moindres défauts.

La vocalisation sur les voyelles *e, i, u,*
oblige au contraire les organes vocaux à des
contractions en sens divers qui nuisent à
l'ampleur, à la franchise de l'émission im-
médiate du son. Par la direction que doit

-----

(1) Le célèbre chanteur et professeur Crescentini dit formellement « que les exercices de vo-
« calisation doivent se faire sur la voyelle *a seu-*
« *lement.* » — C'était la règle exclusivement admise
dans l'ancienne et excellente école italienne, ainsi
que par tous les grands maîtres dont l'autorité repose sur l'expérience et le talent.

8

prendre le courant sonore en frappant sur des syllabes sourdes et de résonnance inégale, la voix se produit difficilement et adopte involontairement des teintes irrégulières et mal assorties ; elle devient nasale, pointue, étranglée, terne, etc. Peut-on, d'ailleurs, rien imaginer de plus ridicule à entendre qu'une *vocalise* chantée sur les voyelles *e, i, u* ; et quelle sonorité peut-on espérer d'obtenir avec des articulations de ce genre ?

Pour amortir et modifier l'âpreté d'une voix aigre ou criarde, et aussi pour arrondir les timbres dans le passage du *médium* à l'*aigu*, on peut dans quelques cas admettre l'usage de la voyelle *o*, mais encore faut-il le faire avec adresse et intelligence, et fondre, en quelque sorte, l'*a* et l'*o* dans une nuance mixte qui tienne le milieu entre les deux. On doit éviter surtout que par ce moyen la voix ne devienne gutturale, défaut capital dont on ne peut trop se défier.

Dans le chant, c'est moins la prononciation des paroles que la bonne constitution de la voix qui doit avant tout préoccuper le professeur expérimenté. Quand cette constitution est solidement établie, quand le chanteur com-

mande avec aisance et certitude à tous ses
moyens, les difficultés de la prononciation
ne sont plus qu'accessoires, et, dans tous les
cas, moins redoutables qu'on veut bien le
prétendre. Nous examinerons cette question
dans le chapitre qui traite de ce sujet.

Ce que je viens de dire sur le travail de la
voix est pris dans un sens général, c'est
autrement dit et en terme figuré, la grande
route du chant que j'ai essayé de tracer et
de jalonner, celle qui, par mille détours, par
mille moyens, doit conduire au but. — Tout
le monde ne peut pas espérer de la parcourir
avec la même facilité : quelques-uns en fran-
chiront rapidement tous les obstacles, ce sont
les mieux doués. D'autres, au contraire, et
c'est le plus grand nombre, mettront beaucoup de temps à les surmonter, et bien souvent ne les surmonteront même pas entièrement. Ce qu'il y a de plus funeste pour
ces derniers, c'est de passer outre, de laisser
de sérieuses difficultés derrière eux, et, pour
aller plus vite, de s'avancer sans précaution
sur un terrain mal affermi, mal préparé. De
là tant de chanteurs médiocres, incomplets,
et radicalement dénués de véritable talent,

tant de chanteurs qui triomphent sans doute
de quelques difficultés secondaires, mais qui
échouent ensuite dans tout le reste.

Règle générale, je suis d'avis qu'au début
il faut faire travailler toutes les voix indistinctement dans le ton d'*ut*, car c'est le ton
fondamental et naturel de la musique. C'est,
en outre, dans la région de l'*ut* 6 au *sol* 17 que
se trouvent pour le plus grand nombre
de voix les véritables registres du chant, ceux
par conséquent dont l'emploi est le plus
habituel.

Pour les *Contralti*, les *Barytons*, les *Mezzi
Soprani* et les *Basse-tailles* qui ont un parcours inférieur particulier dont il faut aussi
tenir grand compte, on doit, au retour descendant de chaque exercice, conduire les voix
jusqu'aux notes les plus basses qui appartiennent à chacune d'elles, puis revenir en
montant, et pour terminer, jusqu'à la tonique
d'*ut* 6. De cette manière on entretient et on
développe la partie inférieure de ces différentes voix sans nuire au reste.

Ce qui précède s'applique naturellement
aux exercices de la première catégorie du
travail que j'indique plus haut, c'est-à-dire,

à la pose de la voix, à l'étude du *son filé* et à
celle de tous les intervalles.

Pour la seconde partie qui se compose
d'exercices phrasés d'une forme déterminée,
il devient quelquefois indispensable , pour
beaucoup du moins, de les transposer dans
le ton qui permette à toutes les voix de les
chanter d'un bout à l'autre.

Quant à la troisième partie, qui est celle
des *vocalises*, et des exercices lyriques, il n'y
a rien à recommander, puisqu'il existe pour
cela des recueils et de la musique pour tous
les genres de voix. — Chaque chanteur, sans
qu'on ait besoin de lui en donner le conseil,
choisira nécessairement ce qui conviendra le
mieux au caractère de la sienne et à l'étendue de ses moyens.

En terminant ce chapitre , je dois faire observer que les trois divisions dans lesquelles
je distribue les études du chant, ne sont bien
applicables qu'aux grandes écoles de musique,
à celles qui ont pour mission de former de
véritables chanteurs.— Ce sont des divisions
classiques, comme le sont celles des établis-
sements d'éducation en général.

On conçoit, toutefois, qu'en dehors des

cours réglementaires, les élèves ont la faculté
d'exercer leur goût et ce qu'ils possèdent déjà
de talent à chanter ce qui convient à leur
force et à leur voix. — S'ils le font sans prudence ni discernement, il doit en résulter pour
eux de graves inconvénients.— C'est malheureusement ce qui n'arrive que trop souvent.

Il serait à souhaiter que dans l'enseignement privé on suivit aussi la méthode que j'ai
indiquée, mais les élèves de cette catégorie
n'ont guère d'autre ambition que celle d'apprendre de leurs professeurs à dire avec plus
ou moins d'agrément quelques morceaux de
musique. Ceux qui par amour de l'art tra-
vaillent sérieusement forment l'exception.

CHAPITRE VII

DE L'ALTÉRATION DU TON DANS LE CHANT

> « La pure intonation est si nécessaire, que
> » l'on peut dire hardiment que s'il faut cent
> » qualités réunies pour bien chanter, celui qui
> » a l'intonation juste de nature, en a les deux
> » tiers par avance..... »
>
> GRÉTRY, *Essais sur la musique.*

Avant d'aller plus loin, je crois devoir appeler l'attention des professeurs sur une particularité que l'on retrouve chez presque tous les commençants. — Je veux parler de leur disposition naturelle à chanter à côté du ton.— Sur cinquante élèves quarante au moins seront dans ce cas, et si l'on n'y prend garde tout de suite il arrivera que plus tard, sur ce nombre, plus des trois quarts auront définitivement contracté ce déplorable défaut.

Que de personnes n'ai-je pas rencontrées

en effet, principalement parmi les femmes, qui, avec des voix magnifiques, des organisations exceptionnelles, étaient arrivées après des années de mauvais travail, de vocalisation extravagante, à tout compromettre, et à chanter imperturbablement faux sans même s'en apercevoir.

Je l'ai déjà dit et je le rappelle ici, quand l'éducation élémentaire est défectueuse, l'oreille et la voix se dépravent peu à peu et contractent le fatal défaut de ne jamais se placer intégralement au niveau du ton. — Certaines voix prennent l'habitude de chanter presque toujours *au-dessus*, d'autres, au contraire, se maintiennent constamment *au-dessous*. Je vais d'abord parler de ces dernières qui sont à beaucoup près les plus rares.

Il y a deux causes principales qui font que l'on chante trop bas. — La première provient d'une fatigue définitive de la voix. Cette raison, très fâcheuse sans doute, est cependant une excuse pour le chanteur : les plus habiles peuvent, hélas ! en venir là. — Il n'y a dans ce cas rien à conseiller que le repos, s'il en est temps encore, puisque tout travail ne pourrait qu'aggraver le mal.

Quand au contraire ce sont des voix jeunes
et fraîches qui ont ce grave inconvénient,
cela ne provient pas toujours d'un vice de
l'oreille, mais bien d'une disposition naturelle
de l'organe vocal lui-même. Ce sont généralement chez les femmes, les voix lourdes,
molles, les voix d'un gros calibre, ou trop
dilatées qui font ce défaut, que l'on remarque
du reste aussi chez les hommes, mais plus
souvent dans les *basse-tailles* et les *barytons*
que parmi les *ténors*.

Les voix naturellement disposées à chanter
au dessous du diapason, doivent être particulièrement travaillées dans des tons ma-
jeurs.

On peut également leur recommander
l'emploi fréquent des exercices *ascendants*.
—Cela se conçoit.— Musicalement parlant,
chaque note montante représente, dans son
genre, un certain poids à élever.— En revanche, chaque note descendante représente
à son tour le même poids à abaisser, à
déposer, pour ainsi dire, d'une marche supérieure sur une inférieure. Ce dernier effort
est, à coup sûr, plus facile que le premier. —
En d'autres termes, il est plus pénible de

gravir l'échelle vocale que de la descendre (1).

Pour les organes vocaux enclins à baisser, ce sont les degrés de cette échelle qui ne s'élèvent pas toujours à leur juste niveau. C'est donc par le côté qui offre le plus de résistance qu'il faut attaquer le mal.

Dans le cas dont nous parlons, on fera successivement travailler avec soin tous les intervalles montants. — Par un pincement bien réglé de la glotte on donnera du ton, de l'énergie à chaque note ; on la forcera par là à prendre sa place régulière, surtout, si de l'inférieure à la supérieure d'un exercice on observe d'augmenter progressivement la force et le mordant de l'émission.

Il est inutile, on le comprend, d'accélérer les mouvements dans ce travail, qui est une étude de rectification et non d'agilité. Quand on sera parfaitement sûr de la justesse de tous les intervalles, on fera ce qu'on voudra.

Les exercices descendants ont bien aussi leur importance, d'autant plus qu'il n'est pas

_____

(1) On remarque, en effet, que les traits rapides sont toujours plus faciles à faire partir, et qu'ils roulent plus librement en descendant qu'en montant.

rare d'entendre certaines voix habituées à chanter trop bas , forcer très-souvent le ton dans quelques intervalles descendants.

Avant d'être bien assuré du régime *diatonique* on évitera dans ce travail de rectification l'emploi fréquent du régime *chromatique*, car par là on ne pourrait qu'augmenter encore le doute dans l'intonation ; et au lieu de stimuler la voix on ne ferait au contraire que la ramollir.

Sur des accords frappés on fera émettre spontanément des notes isolées, bien accentuées , bien soutenues. — On les répètera plusieurs fois sur le même son, tantôt fort, tantôt doux. Cela donnera de l'assurance, de la précision dans l'attaque.

Celui qui aura pris la mauvaise habitude de chanter toujours plus ou moins au-dessous du diapason , devra résolument faire usage de tous les moyens qui, autant que possible, pourront l'en corriger. — Je dis autant que possible, car il ne doit guère s'attendre à pouvoir s'en défaire complètement. — Il y aura pour lui certains moments de mauvaise disposition physique , certaines phrases de chant, certaines modulations mu-

sicales qui l'y feront quelquefois retomber
malgré lui(1). — Mais si par un travail spécial
et bien fait il est devenu plus sûr de lui-
même, ce ne sera que passager, et, dans
tous les cas, moins sensible qu'avant.

Ceux qui chantent habituellement au-
dessus du ton, et le nombre en est considérable, sont sans excuse. — C'est presque
toujours chez eux le résultat d'une mauvaise
éducation vocale. — Cela est indiscutable ;—
en bonne logique, on doit même admettre,
qu'avec des dispositions ordinaires et un peu
de pratique, il est plus naturel pour la voix
et pour l'oreille, de suivre le ton de l'accompagnement que de se placer à côté ,
ainsi que cela se fait trop souvent. — Ce
défaut, contre nature, s'il est permis d'employer ici ce mot, ne peut donc provenir
que d'une fausse direction donnée au sens
musical de l'élève. — Si dans cette éducation
on suivait méthodiquement la marche que
j'indique dans le chapitre précédent, et qui,
en définitive, est conforme aux traditions de

(1) Ceci est si vrai, que l'on pourrait citer des
chanteurs admirables, des artistes célèbres par le
talent, qui parfois avaient de ces mauvais moments.

la bonne et ancienne école d'Italie, cela se
verrait bien rarement. Mais pour obtenir ce
résultat, il faudrait dans les études une
suite et une patience que l'on rencontre bien
rarement.

Il est généralement plus difficile de ramener à la justesse des voix habituées à
chanter trop bas, que des voix formées à
chanter trop haut. Comme je l'ai indiqué plus
haut, cela tient plus particulièrement chez
les premières à une mauvaise disposition de
tout le système vocal lui-même, tandis que,
chez les autres, ce n'est, ainsi qu'on vient de
le voir, qu'une déviation de l'oreille, vicieuse
sans doute, mais accidentelle, et par conséquent réparable. (1)

Pour remettre sur la ligne droite des
voix façonnées à se placer constamment au
dessus, il n'y a qu'une chose à faire, c'est
de reprendre par la base, et d'une manière
suivie, tout le travail élémentaire dont j'ai

(1) Ceux qui chantent habituellement au dessous
du diapason le sentent et en souffrent quelquefois
beaucoup. Ceux qui ont le défaut contraire, n'ont
jamais l'air de s'en apercevoir ni de s'en préoccuper, et ils chantent faux avec un aplomb et une
confiance imperturbables.

tracé le plan. — Mais c'est ici que le talent personnel du maître, comme chanteur, devient absolument indispensable.

Il n'obtiendrait rien, en effet, par de simples accords de piano, puisque c'est en dépit du piano que l'élève a toujours chanté faux. — C'est donc par l'audition, par la voix, c'est en remettant constamment cet élève sur la bonne route par des intonations invariablement justes, que l'on finit par reconstituer le tempérament de son oreille. Il faudra quelquefois beaucoup de temps, quelquefois très peu pour un redressement complet. — Cela dépendra toujours des dispositions que l'on rencontrera, ou des moyens que l'on mettra en pratique. — Mais, il est bon de faire observer ici, que tant que l'élève aura besoin de l'opinion du maître pour savoir si une note est exactement juste ou non, il n'y aura pour lui rien de gagné. — Il faut que cette appréciation passe chez lui à l'état de conviction personnelle, et il en viendra nécessairement là si le travail dont nous parlons est bien conduit.

Pour ce travail on exercera la voix à filer des sons avec une parfaite justesse.

On insistera beaucoup sur l'emploi des *secondes*, des *tierces*, des *quartes*, etc. On le
fera en observant de donner aux degrés
contigus, *aux secondes*, ce petit mouvement
de détente dont j'ai déjà parlé.

Si, en partant de l'ut 6, on fait monter
lentement et *diatoniquement* la voix jusqu'à
la limite supérieure qu'elle peut atteindre,
le *fa* 16, ou le *sol* 17 peu importe, on
remarquera qu'en redescendant elle tendra
constamment à dépasser le ton. — Le *fa*,
le *mi*, le [*ré*, se produiront graduellement
au dessus du diapason, et, finalement, l'*ut*
13 se trouvera déjà à 1|4 de ton au dessus
de ce diapason.

En observant consciencieusement ce que
je viens de dire, on verra que sur vingt
élèves plus de quinze auront à divers degrés
le défaut que je signale. Que l'on surveille
donc très attentivement la façon dont l'intonation se maintient dans toutes les *intermédiaires* de la *quinte* de ce *sol* 17 à l'*ut*
13, que le *fa*, le *mi*, le *ré*, descendent
tous bien à leur place. — J'ai remarqué
que dans presque toutes les voix qui chantent trop haut, c'est cette quinte *naturelle*

descendante qui est généralement la plus mauvaise. — Qu'ensuite, en repartant de *l'ut* 13, le *si naturel* soit bien accentué, bien abaissé à son niveau; s'il est trop haut, le reste le sera également. (1)

Il est très utile aussi dans le cas dont nous parlons, d'exercer sans *intermédiaires* les intervalles de septième *sensible*; c'est à dire, porter franchement la voix par exemple de *l'ut* 6 au *si naturel* 12, et ainsi de suite en montant par degrés. — Ce sont des points d'arrêt imposés à la voix qui, naturellement, tend toujours à arriver à l'octave. — On doit le faire en liant le son sans le traîner, mais aussi sans *port de voix*. — Avant de passer à la tonique, on fera énergiquement vibrer la *septième*; ce passage lui-même doit s'effectuer nettement, sans fusionner, sans couler une note dans l'autre. — On pourra faire répéter le même exercice sur la *septième diminuée* (*ut*, *si* bémol, *la*), et ainsi de suite en montant. — Du reste, il est de règle, pour les voix habituées à chanter trop haut, de les faire beaucoup travailler

(1) L'expérience dont je viens de parler doit absolument se faire sans le moindre accident à la clef.

dans des tons mineurs. — Ce régime tempère souvent chez elles la vivacité de l'intonation.

Tout travail bien fait doit incontestablement amener de bons résultats. — Tout travail mal fait doit nécessairement produire le contraire. Ce n'est donc pas la quantité ni la diversité des exercices qui font le bon travail, mais la façon dont ces exercices sont compris et dirigés. — Tout dépend par conséquent, ainsi que je ne saurais trop le répéter, de la direction que l'on donne aux études, et de l'expérience de ceux qui en sont chargés. — Celui qui suivra la bonne route arrivera au but, celui qui marchera à côté, ne peut que s'en éloigner toujours davantage. Plus il ira, plus il s'en écartera, cela n'a pas besoin de preuve.

Indépendamment des voix qui chantent habituellement au dessus ou au dessous du ton, et dont il vient d'être question, il y en a aussi qui font indistinctement l'un et l'autre; j'ai déjà suffisamment parlé de celles-là, en général. Si elles en valent encore la peine, qu'on les remette cependant à un travail tout nouveau et complet, on en redres-

9

sera peut-être quelques unes, mais la plupart seront irréparables, et les meilleurs professeurs y perdraient leur patience et leur temps.

Toutes les observations qui précèdent trouvaient naturellement leur place à la suite du chapitre consacré au travail de la voix. La raison en est simple. — Si dans le cours progressif de ce travail on remédiait tout de suite aux défectuosités que je signale, si on le faisait à mesure qu'elles se présentent, leur redressement offrirait peu de difficulté. — Mais, plus tard, on en éprouve au contraire beaucoup quand ces défectuosités sont devenues chroniques par l'habitude.

CHAPITRE VIII

DES VOIX DE FEMMES

« ..... Chez les femmes, il faut remarquer
» l'endroit où la voix change, et où, en ces-
» sant d'être voix de poitrine, elle devient
» voix de tête, et en faire une étude particu-
» lière; c'est ce que les Italiens appellent *il*
» *ponticello* (le petit pont). Il faut de mille
» manières passer à cette voix de *fausset*, et
» la quitter de même pour reprendre celle de
» poitrine, etc., etc....
GRÉTRY, *Essais sur la musique.*

Pour mettre en pratique le mode d'enseignement dont j'ai esquissé le tableau
dans le chapitre sixième sur le *travail de la
voix*, il faut nécessairement s'adresser, non
aux *mauvais*, mais aux *rares* et *bons* professeurs de chant. C'est à ceux-ci qu'appartient le soin d'en faire la meilleure application possible aux élèves qui leur sont
confiés; car vouloir, par exemple, la *méthode*
à la main, former des voix comme on dresse
uniformément des soldats au maniement des
armes, et employer pour toutes les mêmes

moyens serait le comble de la maladresse (1).
C'est cependant ce qui arrive malheureusement trop souvent, et qui fait que les
véritables ressources d'une voix mal utilisées,
produisent ordinairement des effets nuls,
sinon contraires aux résultats que l'on pourrait en obtenir.

S'il fallait traiter à fond ce sujet du
mauvais enseignement, cela conduirait bien
loin, et demanderait, en outre, une démonstration pratique dont la preuve ne
serait évidente qu'en présence de l'élève
lui-même. Or, cela étant impossible, il reste
à déplorer, ainsi que je l'ai déjà dit, que
l'étude du chant soit livrée, en général, à
l'inexpérience d'une légion innombrable de
prétendus professeurs qui dévastent en grand
les malheureuses voix livrées à leur exploitation (2). C'est principalement chez les jeunes

(1) C'est un grave inconvénient des grands
Conservatoires de musique, et que je ne suis pas le
premier à signaler.

(2) Scudo avec son implacable et judicieuse franchise, dit textuellement ceci : « Ce qu'il ne faut pas
» chercher en province. parce que cela est même
» rare à Paris, c'est un bon professeur de chant,
etc.... (*Critique et littérature musicale*, page 280, 1859.) »
Sous beaucoup de rapports, ce jugement n'est que

filles que s'exerce avec le plus de dommage
cette fatale industrie, car toutes complètent
aujourd'hui plus ou moins leur éducation
par ce qu'on est convenu d'appeler des arts
d'agrément, et dans lesquels figurent, en
première ligne, l'étude du piano et celle du
chant.

En principe le fond des études est pour
les femmes le même que pour les hommes.
Au début, les voix de femmes réclament
cependant dans le travail des précautions
spéciales. L'essentiel, avant tout, est de bien
déterminer leur genre et leur caractère, d'en
faire, en quelque sorte, le diagnostic musical afin de les conduire immédiatement
dans le sens le plus favorable au déveloo-
pement de leurs véritables moyens. Cela est
quelquefois difficile, j'en conviens, puisqu'on
trouve souvent chez les femmes des singu-
larités vocales qui ne rentrent dans aucune
catégorie spéciale. Des *contralti*, par exemple,
abordent parfois les régions aigües des *so-*

trop fondé, car, en dehors des célébrités connues et
de quelques maitres habiles que l'on possède dans
les grands centres d'enseignement, on trouve ailleurs bien peu de professeurs capables de diriger
convenablement l'éducation d'une voix.

prani; ceux-ci, au contraire, n'arrivent pas toujours à une élévation que certains *mezzi soprani* franchissent facilement (1).

Il ne faut pas perdre de vue que c'est moins l'étendue d'une voix que son timbre particulier qui constitue son genre. Or, vouloir faire rentrer ces différentes voix dans le régime que la règle leur assigne, serait forcer la nature et tenter l'impossible. Mais, en tirant parti, avec discernement, des moyens particuliers que l'on rencontre chez certaines élèves, on peut encore donner à leur voix une valeur relative d'autant plus grande qu'elle pourra acquérir, dans le cercle de son parcours, des qualités réelles qu'on eût imprudemment cherchées au-delà (2).

(1) Il y a des voix de femmes qui échappent à toute classification. Ainsi, Mme Catalani parcourait trois octaves du *fa grave* de la basse taille au *fa sur aigu*. Mme Alboni, du même point de départ, à l'*ut aigu*. On pourrait citer encore beaucoup d'autres exemples du même genre.

(2) Je tiens d'une artiste éminente, qu'à sa sortie du Conservatoire de Paris, sa belle voix de *soprano* avait obtenu, par une direction maladroite, quelques mauvaises notes inférieures de *contralto*, mais qu'elle avait perdu, par contre, les plus belles notes de son registre supérieur qu'elle n'a retrouvées plus tard que par un travail long mais bien fait.

Presque au même degré de l'échelle vocale, les voix de femmes rencontrent une difficulté sérieuse à franchir la limite qui sépare chez elles le registre de poitrine de la voix de *fausset* ou *médium*, et que l'on est convenu d'appeler le *passage*, ou point de transition qui varie communément du *mi* 8 au *la* 11. C'est ce passage, ce point de soudure, si je puis m'exprimer ainsi, qui doit être travaillé avec soin et précaution pour que le changement de registre devienne d'une unité et d'une égalité parfaites.

M. Bataille a traité cette question dans le mémoire dont je parle plus haut d'une manière supérieure, et je crois utile de placer ici ce qu'il dit sur l'abus fatal de la voix de poitrine chez les femmes : « En ces der- » niers temps » dit-il, « on a abusé du re- » gistre de poitrine chez la femme au point » de l'étendre jusqu'au *si*, à l'*ut* et même » au *ré*. On ne pouvait rien imaginer de » plus désastreux, et c'est commettre un » véritable attentat que d'exercer les voix » à de pareilles folies. Les sons dont nous » parlons ne peuvent s'obtenir qu'à l'aide de » violentes contractions et d'un tiraillement

» énorme des ligaments vocaux, qui épuisent
» les muscles et leur impriment souvent un
» tremblement que l'on ne peut bientôt plus
» maîtriser; sans compter que la membrane
» vocale distendue sans ménagement, s'en-
» gorge, s'enflamme et cesse de produire
» des sons purs et agréables. Le nombre des
» voix de femmes brisées par ce cruel abus
» est considérable, et c'est un devoir que
» de signaler les dangers d'une pareille déro-
» gation aux lois naturelles... » On ne peut
assurément rien dire de plus complètement
vrai, ni de plus parfaitement utile pour l'enseignement, mais il ne faudrait pas non
plus se jeter dans un défaut contraire.

Selon M. Bataille, le *passage* doit avoir
lieu aussi bas que possible pour qu'il se trouve
placé dans la région la moins employée et
la moins apparente. Cela est fondé jusqu'à
un certain point, mais comme il ne s'agit
pas seulement ici de masquer un défaut
mais de le vaincre, je ne crois pas qu'il
faille systématiquement abaisser le *passage*
au-dessous du point où sa place se trouve
naturellement indiquée, et cela dépendra
toujours des voix elles-mêmes.

La note de fusion et celles qui l'avoisinent immédiatement, étant généralement plus ou moins faibles relativement à celles de poitrine qui les précèdent, on comprend que plus cette première note de *fausset* partira de bas, et plus elle manquera d'éclat et de sonorité pour couvrir la transition d'un registre à l'autre. C'est donc à son véritable point d'indication qu'il faudra la saisir.

Dans cette région du *passage*, on trouve des cordes sourdes, incertaines, inégales, fausses souvent. — Il faudra quelquefois bien du temps pour triompher de ces difficultés, mais avec de la patience et une bonne direction on y parviendra, sinon totalement pour certaines voix, du moins de manière à ne causer plus tard aucune gêne dans l'exécution.

On remarquera que dans cette étude, le travail sera plus facile en descendant qu'en montant. — Il arrivera même souvent que certaines voix ne franchissent le *passage* que péniblement et faiblement du *mi* 8 au *fa* 9, du *fa* 9 au *sol* 10, ou du *sol* 10 au *la* 11 en montant, et qui, en redescendant, si l'exercice est bien conduit, arriveront en bon

timbre de *fausset* et avec fermeté jusqu'au
mi 8, et même au *ré* 7 sans transition ni
changement de voix (1). Cela ne peut cependant guère se produire que dans un trait
lié, plus ou moins rapide, et venant de beaucoup plus haut que le *passage* lui-même. —
Quand ce trait est jusqu'au bout clair, limpide et juste, l'oreille est satisfaite. La
courte durée de chaque note ne permet pas,
en effet, de contrôler exactement le genre
et la valeur du timbre qui la produit.

Il n'en est pas de même d'un chant posé,
largement développé, et qui s'adresse alternativement au registre de *poitrine* et
à celui de *fausset*, qui demande par conséquent une grande liberté dans le passage
de l'un à l'autre.

Indépendamment de ce que nous venons
de dire sur les notes de transition, la plupart des femmes manquent ordinairement
d'égalité, d'ampleur et de sonorité dans la
région moyenne de leur voix. — Il n'existe

(1) Mlle Grisi arrivait librement en magnifique
voix de *fausset* jusqu'à l'*ut* 6, aussi employait-elle
bien rarement la voix de poitrine. — Mais il faut
citer cela comme une rare exception.

pas de procédés absolus pour aplanir cette difficulté particulière, mais il y en a cependant de plus ou moins efficaces, et que l'expérience pratique recommande.

Ceux que l'on emploie souvent, et qui consistent à faire chanter alternativement en voix de fausset et en voix de poitrine les notes du *passage* et celles qui les touchent immédiatement, ne me paraissent pas des meilleurs. Il est même à peu près certain, que, de cette façon, l'élève arrivera rarement à les faire absolument bien dans un sens ou dans un autre. — Il est donc à craindre que, par ce moyen, la voix ne conserve la même irrésolution dans ses allures, la même faiblesse dans son émission, attendu que ce n'est pas seulement une ou deux notes du *passage* qu'il s'agit de raccorder et de fortifier, mais le groupe du *médium* inférieur tout entier.

Pour des voix en bon état, et qui n'ont pas été épuisées par l'abus du travail dans le registre de poitrine, voici, je crois, ce que l'on peut conseiller au plus grand nombre.

On doit d'abord poser largement la voix sur une des meilleures notes du *médium* supérieur; sur une de celles qui offre le

plus de solidité et d'éclat, sur le *ré* 14, je
suppose. — En partant de là, on descendra
diatoniquement, marche par marche et par
notes tenues, jusqu'à la ligne naturelle du
passage, et qui est généralement le *sol* 10,
ou le *fa* 9. — Pour que toutes soient suffisamment alimentées, on respirera librement
et lentement après chaque note.

Cet exercice doit se faire franchement en
voix de fausset. Par la reprise de la respiration l'équilibre dans lequel on aura placé
la voix au départ ne doit pas être dérangé.—
Il faut, au contraire, le maintenir, afin que,
par le passage d'un degré à l'autre, la voix
change le moins possible de nature et d'intensité. — On le pourra facilement si l'intervalle des *secondes* est toujours bien articulé
du gosier, c'est à dire d'une façon indépendante du timbre lui-même.

Après l'exercice que je viens de proposer
on passera successivement, et dans le même
système, à celui des *secondes*, des *tierces*,
des *quartes*, des *quintes*, etc.

En partant toujours du même point (*ré*
14) on fera:
Pour les secondes *ré ut — ut si — si la* etc.

Pour les tierces *ré ut si—ut si la—si la sol* etc.
Pour les quartes *ré ut si la — ut si la sol —
si la sol fa* etc, et ainsi de suite pour tous
les intervalles jusqu'à l'*ut* inférieur 6.

Le trait placé après chaque groupe indique la place de la respiration. — Ces exercices se feront lentement et d'une façon
bien marquée. On donnera de l'accent et de
la vibration à chaque note.

Arrivé à la limite extrême et inférieure
de la voix de fausset, on passera résolument
à celle de poitrine. — Ce passage offrira
d'abord une certaine dureté, et présentera
une différence sensible avec la nuance du
registre de fausset que l'on vient de quitter.
— Cela ne doit causer aucune inquiétude,
le travail se chargera d'en opérer le nivel-
lement, pourvu que ce travail soit fait avec
toute la persévérance et avec toutes les précautions que son importance réclame.

Il n'y a rien à recommander pour ce qui
regarde les notes de poitrine; elles rentrent
naturellement dans le système général de
vocalisation dont j'ai suffisamment parlé. —
L'étude particulière dont il vient d'être ques-

tion, est une étude spéciale pour une difficulté spéciale.

Quant à la difficulté elle même, je l'ai
abordée par le haut du *médium* et en *descendant*, parce que j'ai la certitude, que
dans le plus grand nombre de cas, elle ne
peut l'être avec succès dans le sens opposé. — Je vais tâcher d'en faire comprendre
la raison.

Chez les hommes comme chez les femmes,
la voix de poitrine est la voix naturelle.
— Son émission n'emprunte à l'étude que
les moyens de la rendre plus juste, plus
souple et plus belle. En revanche, ainsi
que je l'ai déjà dit, la voix *mixte*, mais
surtout celle de *fausset* chez les femmes, existe
bien en germe dans la région vocale qui
doit la produire, mais c'est par le travail de
la vocalisation qu'elle se développe, qu'elle
se règle, et qu'elle s'ajuste définitivement
à la première.

Il est très essentiel de faire remarquer
ici l'effet particulier du souffle sur ces
deux régimes. — Par son intensité la poussée
de l'air a toujours pour résultat d'augmenter
dans une mesure égale le volume et la force

du son dans la voix de poitrine. — Mais
la même poussée appliquée à la naissance
du registre de *fausset* produirait un effet
totalement opposé. Cela tient à ce qu'à l'en-
trée de ce registre on rencontre tout de suite
une *tierce* n'offrant aucune résistance à l'action de l'air, des notes dont les cordes paraissent en quelque sorte détendues, et qu'il
est par conséquent très difficile de mettre
immédiatement en vibration. Manquant de
vibration, elles manquent aussi de mordant,
de sonorité et de portée.— Faute de pouvoir
agir par l'énergie du souffle, c'est donc par une
gymnastique bien entendue du gosier, par un
travail spécial de vocalisation que l'on peut
donner à ces cordes la puissance qui leur
manque.

C'est en vue de cela que pour ce travail
je prends la voix dans la partie du médium
la plus éclatante et la plus développée, dans
celle qui permet de la mettre en bon état
de vibration. — C'est dans cet état que ,
degré par degré, je tâche de la ramener
jusqu'au point inférieur du registre de *fausset*
dont je viens de parler. Ce point difficile, on
finira par l'atteindre sans altération sensible

du timbre, si le travail que j'indique est fait
avec soin et patience.

Quand dans le trajet descendant on tom-
bera sur une note faible, ou plus ou moins
rebelle, il ne faut pas s'obstiner à la reprendre d'emblée ou isolément ; on doit, au contraire, revenir à un ou deux degrés plus haut,
c'est-à-dire là où la voix pourra être rétablie
en pleine vibration.

Tout le principe repose là-dessus : agir
par impulsion, fortifier la partie faible par le
contact de la partie forte, et imposer peu à
peu le tempérament de la bonne à la mauvaise.

J'espère qu'on m'a compris. — Comme
preuve de ce que j'ai dit, que l'on fasse
d'ailleurs l'expérience que voici, et pour
laquelle je m'adresse à des voix déjà plus
ou moins exercées. Qu'après avoir posé fer-
mement le son sur le *ré* 14, (toujours sur
la voyelle *a*, bien entendu), on descende sans
précipitation mais d'une voix pleine et bien
ouverte jusqu'à l'octave inférieure *ré* 7, et
l'on traversera ordinairement en bon timbre
la ligne du passage ainsi que tous les degrés

de cette échelle (1).— Que l'on essaye ensuite de faire le même exercice en remontant, et on trouvera une difficulté évidente à remettre la voix dans l'état de vibration qu'elle avait en descendant, à donner, par conséquent, aux mêmes notes l'égalité, l'ampleur et la sonorité du mouvement précédent.

Si je me suis arrêté si longtemps à cette question, c'est qu'elle est une des plus importantes dans l'éducation vocale des femmes, et celle cependant qu'on néglige le plus. — Je n'affirme pas que les moyens que je viens d'indiquer soient toujours applicables de la même façon. — Ce n'est pas un spécifique universel que je donne, mais un conseil, une indication dont l'emploi pourra être combiné de différentes manières et sous des formes diverses. — C'est aux professeurs à régler cela.

Quant au principe en lui même, je le crois bon dans le plus grand nombre de cas. —

(1) Cet exercice doit se faire si on le peut avec la même respiration, et en donnant à chaque note la valeur d'une noire, d'une mesure lente à quatre temps.

10

Quand par le procédé que j'indique toutes
les cordes vocales du *médium* auront acquis
de l'ampleur, de la sonorité, de l'accent, la
voix pourra se mouvoir librement dans tous
les sens, dans toutes les positions et à tous
les degrés.

Le registre aigu chez les femmes commence
ordinairement entre le *ré* 14 et le *fa* 16, et
varie beaucoup dans son étendue. Il est d'un
abord moins difficile que celui de *fausset*
ou de *médium* dont je viens de parler, et
auquel il vient tout naturellement s'adapter

C'est avec une extrême prudence qu'il
faut travailler la partie supérieure et aigüe
de la voix. — Presque toutes les élèves ont
la prétention de dépasser la limite de leur
parcours naturel, et pour cela elles ont
recours à des contorsions de bouche, de tête
et de corps, et à des efforts de gosier péni-
bles à voir et à entendre.

L'abus du travail dans cette région extrême
de la voix de femme conduit inévitablement
à chanter faux d'abord, mais aussi à une
altération anticipée du timbre et de la qualité
du son, et finalement à une fatigue irrépa-
rable de l'organe lui-même.

C'est aux professeurs à juger du terme où il
est convenable de s'arrêter, et qui est celui où
la voix perdant son caractère et sa franchise
naturelle d'émission devient pointue, étranglée et rebelle. — Inutile alors d'insister
et de chercher à obtenir ce qui n'existe pas.
— Car on doit se bien pénétrer d'une vérité incontestable, c'est que par une bonne
direction on peut développer dans une voix
la qualité, le charme, le volume du son,
et surtout la justesse, mais qu'on ne fait pas
impunément d'un *baryton* un *ténor*, et qu'on
ne donne pas à une voix de femme des
notes que la constitution physique de son
appareil vocal ne possède pas.

CHAPITRE IX

DES

DIFFÉRENTS TIMBRES DANS LES VOIX D'HOMMES

ET DE LEUR EMPLOI

> » ..... Le chanteur qui outrepasse
> » ses moyens arrive promptement à la
> » fatigue; cette fatigue est toujours
> » partagée par ceux qui l'écoutent.... »
> Mengozzi.

Pour la formation du *timbre sombre* des *ténors*, tel qu'on l'enseigne actuellement, le larynx maintenu aussi bas que possible oblige le pharynx (arrière-bouche) à s'allonger dans une porportion égale. Dans cette position, les sons prennent un volume et une force extrordinaires, mais à la condition, bien entendu, d'être poussés vigoureusement, et avec un appel fréquent et énergique de la respiration; c'est ce qui en rend l'emploi et surtout l'abus dangereux.

Le véritable *timbre sombre* de Duprez et de

Rubini, celui que l'on croit imiter, ne soumettait pas l'appareil vocal aux mêmes épreuves, car il n'était autre chose que la *voix mixte de poitrine* traversant librement la gorge, et portée à une plus ou moins grande force d'intensité. Aussi la *voix* dite *sombrée* de ces admirables chanteurs avait-elle une ampleur, une puissance et en même temps un moëlleux que n'ont pas celles des chanteurs actuels. Ces derniers, par un abaissement excessif du larynx, lancent fortement la voix vers le voile du palais et les fosses nasales, et, par ce moyen, obtiennent des sons d'une extrême pénétration, sans doute, mais ce procédé n'était ni celui de Duprez, ni celui de Rubini, et n'aboutit pas du tout aux mêmes effets.

Le *timbre clair* se produit par un mouvement mécanique inverse à celui qui sert à la formation du *timbre sombre*. Pour l'obtenir le larynx se resserre graduellement de bas en haut, et vient s'ouvrir presque à l'isthme du gosier, tandis que, de son côté, le pharynx se raccourcit dans la même mesure. Quoique avec moins de volume que dans le régime précédent, la voix dans cet état prend un

timbre clair et éclatant. En la travaillant
largement et avec intelligence dans ce régime
sur la voyelle *â*, en évitant surtout que le
son ne devienne guttural, on arrivera insensiblement par des modifications graduelles
à adoucir l'âpreté naturelle de la voix, à
lui donner du corps, de la rondeur, à la fondre
enfin dans une nuance mixte pleine d'expression et de charme, et qui, par l'ampleur de
l'émission, fournira au besoin le véritable et
le plus beau des *timbres sombres.*

Produite dans les conditions qui en font
toute la beauté, la voix sombrée obtient une
incontestable valeur, mais elle est, au contraire, d'un effet détestable quand elle n'est
que le résultat d'un travail contre nature et
forcé, autrement dit, quand elle est appliquée
à des voix qui ne peuvent y prétendre. Des
ténors douteux, des *barytons* équivoques l'appellent à leur aide pour se fabriquer un parcours supérieur tout-à-fait en dehors de leurs
moyens. Après avoir détruit par ce travail la
meilleure partie de leur voix, ils parviennent
en effet, par de rapides études, à se faire un
registre *superlaryngien aigu* des plus péné-

trants, à crier des *la*, des *si*, et même des *ut*
soi-disant de poitrine.

Il faut ajouter à ce que je viens de dire, que
certains professeurs adoptent immédiatement
pour les *ténors*, et dès le début des études;
l'application de ce qu'on est convenu d'appeler la *voix sombrée*. A partir du *médium*, c'est-
à-dire de l'*ut* 13, ou du *ré* 14, ils soumettent
tout de suite les voix à ce régime, et, par les
procédés nouveaux et factices dont je parle
au commencement de ce chapitre, ils façon-
nent l'organe à ce genre de timbre.

Du point que je viens de signaler, les voix
arrivent d'une seule coulée et avec le même
volume de son aux notes les plus élevées de
leur parcours. Cela peut quelquefois devenir
très-beau, assurément, quand on s'adresse à
des dispositions vocales qui s'y prêtent, et
quand, par là, on ne provoque pas une fatigue anticipée des cordes sonores; cela arrive
malheureusement très souvent, par la raison
que l'on conduit trop vite l'élève à une hauteur qui n'est pas toujours dans le casier naturel du *ténor*.

Je crois donc qu'il vaudrait mieux, sans
fatiguer l'organe, débuter par bien dévelop-

per la voix en *timbre clair*, et le faire avec l'émission la plus franche, la plus ample possible, aller d'abord jusqu'au *fa*, si le *sol* est pénible à obtenir, puis graduellement jusqu'au *sol*, et enfin jusqu'au *la*, que tous les ténors bien constitués doivent posséder. Quelques-uns y arriveront d'emblée, ce sont les meilleurs et les plus rares.

Par un travail bien dirigé, ces deux dernières notes, *sol* et *la*, et même à la rigueur le *fa*, doivent peu à peu adopter le *timbre mixte* de poitrine, arrondi, modifié, fondu de façon à tempérer l'âpreté naturelle du son dans cette région supérieure du ténor (1).

Certaines voix d'élite pourront, par le même procédé, étendre leur parcours jusqu'au *si*, et exceptionnellement jusqu'à l'*ut*, mais c'est le bien petit nombre. La qualité de son que l'on obtient de cette manière se raccorde admirablement avec le *médium* supérieur et finit quelquefois par se fondre complètement avec

(1) Il faut éviter dans ce travail de se laisser entraîner par une pente malheureusement trop facile vers le régime du *timbre sombre* excessif de l'école actuelle, car une fois entré dans ce courant, il serait difficile d'en sortir.

lui. C'est alors la perfection du genre. Ce n'est plus le *timbre clair* pur, mais ce n'est pas non plus la voix dite *sombrée*, dont j'ai signalé les inconvénients. Le tempérament de ce régime a de la douceur, du moëlleux, et au besoin de la puissance sans dureté, qualités précieuses que ne peuvent avoir les sons aigus et pénétrants produits par le seul abaissement du larynx et l'allongement du pharynx.

La voix *mixte radoucie*, ou de *demi-teinte*, qui tient le milieu entre le timbre du *médium* et le *fausset* de tête, naîtra tout naturellement d'elle même quand la région supérieure sera parfaitement égalisée et fondue avec le médium; mais elle n'a pas besoin d'être spécialement travaillée comme étude par des notes de *tête*, ainsi que le recommandent quelques professeurs. D'ailleurs, la voix de *fausset* pure appartient à un mécanisme particulier du gosier et d'une nature différente (1). Ce genre de timbre se rencontre na-

(1) Le phénomène physiologique qui sert à la formation de la voix de *fausset de tête* a été le sujet des plus savantes recherches qui n'ont abouti à rien, puisquelles sont arrivées à des résultats

turellement dans presque toutes les voix
d'hommes. Il a peu de valeur, vu qu'on ne
chante pas sérieusement dans un pareil registre. Quelquefois cependant une ou deux
notes *de tête*, placées à point, produisent un
effet charmant ; mais tout bon chanteur
doit s'en servir sobrement et avec intelligence.

Le chanteur dont la voix aura été bien travaillée dans le système que j'indique, possè-
dera un *timbre clair* parfait, et d'autant
meilleur, qu'il aura été rendu doux et agréable par l'étude et le talent (1). —Sans fatigue

absolument contraires. Je ne conduirai pas le lec-
teur dans ces inextricables et stériles discussions.
Lehfeldt, Muller et autres, prétendent, que les bords
des ligaments vocaux vibrent seuls pour la voix de
fausset, c'est la division *longitudinale*. Weber et ses
partisans sont pour la division *transversale*. Le laryngoscope aurait dû, ce me semble, les mettre
d'accord depuis longtemps.

(1) Une des plus belles voix que j'aie jamais en-
tendues, était celle de M. de Chavonne Vrugt, premier ténor de la cour de Hollande. — Il n'a jamais
employé le *timbre sombre*, proprement dit. C'était un
timbre clair, fondu, radouci, et produit de la manière
la plus franche possible. — Cette voix incomparable
était d'une souplesse, d'une égalité, d'une étendue,
d'une justesse et en même temps, quand il le fallait, d'une puissance admirable. Elle possédait, en

prématurée, si du moins le travail a été bien
fait, il pourra pour certains effets, ainsi que
je l'ai déjà expliqué, disposer supplémentai-
rement des ressources du véritable *timbre
sombre*. — C'est ce précieux avantage qui
donnait au genre de Rubini une inconceva-
ble beauté. — Duprez chantait, au contraire,
toujours avec l'admirable *timbre sombre* qui
lui était particulier, et qu'il possédait à un
degré de perfection dont on ne peut plus se
faire une idée aujourd'hui.

En revanche, le chanteur qui aura accom-
pli toutes ses études de chant par le régime
du *timbre sombre*, non comme l'entendait Duprez, mais tel qu'on le comprend maintenant,
n'aura jamais à sa disposition les ressources
du *timbre clair*, car, par la nature même du
travail qu'il aura fait, sa voix, dans le troisième registre, qui est précisément celui du

outre, une légèreté de vocalisation que l'on rencontre bien rarement chez les hommes. — M. de
Chavonne Vrugt était chanteur de concert ; il n'a
jamais osé affronter le public de Paris, il a eu tort.—
Contemporain de Rubini, de Nourrit et de Duprez, je
conviens qu'il n'eut pu lutter avec eux en italien et
en français, mais dans le genre allemand il eut été
partout sans rival.

clair et de l'*aigu*, aura subi une transformation qui ne le lui permettra plus.

Les voix de *baryton* et de *basse-taille*, bien
constituées, cela s'entend, doivent : la première en partant du *la* 4, arriver en voix franche jusqu'au *fa* 16 ; la seconde, du *mi* 1 au
mi 15. — Il pourrait se faire cependant, qu'au
début des études elles n'atteignissent pas
tout de suite à la note supérieure qui appartient à leur catégorie ; dans ce cas, comme
il est indispensable, dans le travail, de conserver à ces voix le caractère d'émission
franche, je crois prudent de ne pas dépasser
prématurément la limite qu'elles pourront atteindre sans effort.

Avec une sage persévérance, on arrivera
peu à peu au terme qui leur est propre. Je
dis cela parce que beaucoup de *barytons* ne
pouvant y parvenir immédiatement, emploient alors deux ou trois notes d'un timbre couvert dont il faut se défier, car ces
notes, si elles persistaient, demeureraient
sourdes, ternes, voilées, et seraient, en outre,
rarement très justes. — Il faut donc travailler ces deux genres de voix franchement,
et chercher tout de suite à leur donner, d'un

bout à l'autre, toute l'ampleur, toute la sonorité, toute l'égalité et surtout toute la justesse
possible.

La voix *mixte de demi teinte du baryton*,
qui a quelquefois tant de charme comme
moyen accessoire dans certaines phrases de
chant, naîtra aussi d'elle-même quand le
travail aura assoupli tout l'ensemble de
l'organe, et elle n'en sera alors que plus
belle, que plus sympathique, par le talent que
le chanteur habile saura mettre à la produire
et à l'employer.

Toutes les voix d'hommes, sans exception,
éprouveront une plus ou moins grande difficulté à la fusion des registres.— Cette fusion
est cependant inséparable d'une bonne exécution ; ce n'est que par un travail bien fait
qu'on peut l'obtenir. — Sans varier sensiblement, toutes les voix de même catégorie ne
trouveront pourtant pas leurs différents *passages* au même degré. — C'est une affaire
d'observation et de pratique qu'il faut non-
seulement surveiller avec beaucoup de soin,
mais pour laquelle on doit aussi faire l'application du genre de travail le plus propre
à combattre les difficultés de diverses natu-

res que l'on rencontre. — Les *méthodes* écrites
ne suffisent pas pour cela ; c'est donc aux
professeurs à faire usage des meilleurs moyens
pour y parvenir.

Beaucoup de voix demeurent sourdes, deviennent défectueuses, manquent d'éclat et
de vibration, ou se détériorent dès le début
par le déplacement ou le mauvais emploi des
registres. Par cette déviation aux lois naturelles, on soumet quelquefois l'organe à des
tiraillements immodérés et dangereux, ou
bien encore, par un défaut d'une autre espèce, on laisse souvent de belles et précieuses
qualités inexploitées.

Par voix d'*émission franche* j'entends par
là, des voix qui émanent directement, franchement et librement de la poitrine, et telles que doivent être, par dessus tout, celles
des *basses-tailles* et des *barytons*, même dans
leur registre *mixte supérieur ;* des voix qui
ne s'appuient sur aucun moyen factice ou
détourné, soit du larynx ou de la bouche,
pour se produire ; des voix qui ne cherchent
pas à éluder par des altérations accidentelles
du son les difficultés que présente le passage
d'un registre à un autre, difficultés qu'il faut

au contraire aborder prudemment, sans doute, mais aussi très ouvertement; enfin des voix, qui, d'un bout à l'autre de leur échelle particulière, conservent de l'ampleur, de l'égalité, de la vibration et de l'éclat.

Au début des études, on doit donc s'attacher à chanter franchement, à plein jeu, si je puis m'exprimer ainsi, mais on doit le faire sans effort, sans cris, sans exagération. Un peu plus tard, quand l'ensemble de l'organe aura pris une bonne et solide direction, quand le fond du tableau sera pour ainsi dire, bien nivelé, bien établi, on y mettra les couleurs, les ombres et les nuances infinies que l'on ne peut acquérir dans le chant que par de bonnes et consciencieuses études, et qui constituent enfin chez un chanteur le véritable talent.

CHAPITRE X.

———————

DU STYLE DANS LE CHANT

> « Le style est dans le chant,
> » ce que la couleur est à la
> » peinture.
>
> PELLEGRINI.

Dans le chant, en dehors du mécanisme de la vocalisation, il y a encore le style, ou l'art de rendre avec les accents de la voix, et avec l'expression vraie et particulière qui leur appartient, tous les sentiments, toutes les impressions de l'âme et de la pensée, en un mot, toutes les passions, tous les mouvements du cœur. Dans les morceaux de musique bien faits, et il y en a à foison, ces différentes situations sont ordinairement écrites dans la forme et le style qui conviennent le mieux à leurs divers caractères. Le grand art du chanteur est de savoir en tirer parti, et de faire valoir avec l'accent le plus juste la véritable pensée de l'auteur. Pour cela il faut du talent d'abord, mais aussi du goût, de

l'intelligence, et une grande expérience acquise, non-seulement par l'étude, mais encore formée et épurée par l'influence qu'exerce
toujours sur nous l'audition de la belle musique et celle des meilleurs chanteurs.

La grande difficulté, comme le grand mérite dans le chant, consiste donc, ainsi que
je viens de le dire, à rendre un morceau
de musique avec l'accent et le sentiment
qui en font valoir toute la beauté. Tout cela
constitue ce que j'appellerai le style de
goût, de genre et d'expression. — Il réside
principalement dans la qualité et dans le
timbre particulier de la voix, dans l'âme du
chanteur qui la possède et qui sait la produire avec ce charme irrésistible et sympathique qui touche, attendrit et impressionne
si vivement ceux qui l'écoutent. Dons précieux des organisations d'élite que la nature
n'accorde que rarement, et que le travail et
l'étude ne donnent pas toujours.

Au style dont je viens de parler, il faut en
ajouter un autre qui est le style dans l'exécution. Celui-ci réclame non-seulement des
qualités de vocalisation parfaitement acqui-
ses, mais aussi un tact, une expérience et

11

une grande intelligence dans l'emploi des moyens dont on dispose. Il ne suffit pas en effet de faire un trait plus ou moins rapide et même très-complet dans la forme, il faut que ce trait ait une couleur, une ondulation, qu'il se déroule enfin de manière à offrir des nuances variées dans son parcours. Sans cela, il n'est qu'une succession de notes sans charme ni accent.

Il y a l'éloquence dans le chant, comme il y a celle de la parole. De même que tel orateur ne disant pas de plus belles choses qu'un autre touche et passionne ceux qui l'écoutent par la manière dont il les dit, de même le chanteur habile sait donner aux phrases qu'il chante une tournure, une expression qui résident non pas seulement dans le timbre de son organe, mais aussi dans l'emploi intelligent qu'il sait en faire.

Ceux qui veulent plaire et charmer par leur voix doivent chanter avec simplicité, avec goût, s'abstenir de chercher leurs effets au-delà de leurs véritables ressources, éviter enfin tout ce qui est en dehors des limites de leur talent, car, en le faisant, ils mettent

au grand jour des défauts que l'on eût probablement ignorés sans cela.

Les jeunes filles, surtout, visent presque
toutes à briller par des roulades et des ornements de vocalisation très-souvent au-dessus
de leur force. Par ces prétentions à un genre
de talent qu'elles ne possèdent pas toujours,
mais qu'encouragent trop fréquemment l'a-
mour-propre des parents et l'ignorance des
flatteurs qui les écoutent, elles négligent ordinairement ce qui pourrait faire leur légitime
succès (1).

Il faut être sobre d'ornements ; que ceux
qu'il est permis d'ajouter quelquefois à un
morceau de chant soient de bon goût, parfaitement faits, et, en outre, toujours en rapport avec le style, l'esprit et le caractère du
morceau lui-même.

Quant à la musique d'un style large et soutenu, il faut pour l'aborder avec avantage
une voix très-sûre d'elle-même, très-posée
et parfaitement réglée par le travail. Elle
doit être par-dessus tout d'une justesse, d'une

(1) Il est bien entendu que je ne parle pas ici de ces
amateurs hors ligne, et qui arrivent au véritable talent.

égalité et d'une émission irréprochables (1).
Combien de chanteuses même au théâtre,
très-habiles du reste, qui exécutent d'une façon brillante la musique du *Barbier de Sé-*
ville, de la *Somnambule,* et qui reculent devant la romance du *Saule d'Othello,* ou l'air
de *Sombres forêts* de *Guillaume Tell,* ou du
moins qui s'y montrent bien faibles. C'est que
dans un feu d'artifice de vocalises rapides on
peut cacher bien des défauts qui apparaissent
au contraire dans un chant lent et soutenu
où chaque note a sa valeur inévitable.

Chez les femmes cela tient le plus souvent à une défectuosité vocale inhérente au
plus grand nombre, et qui provient, ainsi que
je l'ai expliqué dans le chapitre VIII, de la faiblesse naturelle de leur voix dans le *mé-*
dium.

Sauf quelques belles exceptions, on remarque, en effet, chez la plupart des femmes
un certain embarras à traverser en bon timbre la quinte du *fa* 9 à l'*ut* 13, c'est-à-dire,

(1) « Le pathétique, dit Grétry, est le plus diffi-
» cile parce qu'il procède par des mouvements lents:
» l'intonation doit être parfaite, parce qu'on a tout
» le temps de l'apprécier..... »

(Grétry, *Essais sur la musique,* t. 3, p. 266).

une des parties les plus essentielles du chant.
Cette faiblesse habituelle peut être attribuée à
deux causes : la première dépend généralement d'un travail mal dirigé dans la région
dont je viens de parler, travail qui n'en a
pas suffisamment aplani la route. La seconde
provient très souvent aussi d'un abus prolongé de la voix de poitrine dans cette même
région, abus qui amène fréquemment le relâchement des cordes vibrantes et sensibles,
par conséquent la perte des qualités indispensables au genre de musique large et expressif dont nous parlons.

Toutes les voix d'hommes ne se prêtent
pas non plus avec le même avantage à ce caractère de musique. A moins d'études longues et sérieuses, le volume et la rudesse des
basses-tailles, même des *barytons*, ne permettent pas toujours à ces sortes de voix de phraser avec douceur et avec goût. Ces dernières,
cependant, quand elles sont assouplies et rendues dociles par le travail, arrivent quelquefois à des effets d'une beauté et d'une largeur
incomparables.

Les ténors abordent aussi la musique de
grand style avec beaucoup de succès, mais

pour cela, il faut que leur timbre de poitrine et que celui du médium n'aient pas été sacrifiés au registre aigu, ainsi que cela ne se voit, hélas ! que trop souvent.

Je pourrais parler longtemps, s'il fallait traiter à fond la question du style dans le chant, si je voulais, surtout, prévenir les chanteurs contre tous les entraînements d'amour-propre, auxquels ils se laissent trop facilement aller sans calculer où cela les conduit.

Au théâtre, je le sais, les artistes n'ont pas la liberté du choix ; ils doivent accepter tout ce qui se présente dans les rôles de leur emploi, aussi les voit-on souvent plus ou moins faibles dans telle ou telle partie d'un ouvrage, et il n'y a que les talents exceptionnels qui se maintiennent toujours à la même hauteur.

Les amateurs, hommes et femmes, qui chantent pour l'agrément des salons et pour le leur, se trouvent dans une position plus indépendante. Ils ont le choix des morceaux dont le genre, le style et la forme peuvent assurer leur succès dans le monde : c'est à eux à le comprendre.

CHAPITRE XI

DE LA PRONONCIATION DANS LE CHANT

> « Avant tout il faut dire, parler en
> » chantant, l'accent, l'expression, voilà
> » ce qui doit préoccuper sans cesse... »
> Mme CINTI-DAMOREAU.

L'art de la prononciation dans le chant, est en général assez négligé, ou le plus souvent bien mal enseigné, du moins pour ce qui concerne le genre français, le plus difficile de tous pour les Français eux-mêmes, et à plus forte raison pour les étrangers. Cette grande difficulté ne réside pas seulement dans une articulation parfaite, mais elle est aussi dans l'accent juste et vrai qu'il faut savoir donner à la parole musicale : c'est ce que j'ai déjà essayé de faire comprendre dans le chapitre précédent qui traite du style.

Quant à la prononciation elle-même, j'éprouve, je l'avoue, quelque embarras à définir par le raisonnement une chose que l'on doit direc-

tement apprendre des leçons d'un bon maître.
On a, je crois, beaucoup écrit sur ce sujet,
mais je ne connais rien, ou à peu près rien de
ce qu'on a dit là-dessus. Ce que j'en sais, je l'ai
appris à l'école du professeur par excellence,
de Ponchard lui-même, qui a été un modèle
parfait dans l'art de bien dire en chantant.
« L'articulation, la prononciation, dit encore
» Mᵐᵉ Cinti-Damoreau, doivent être irrépro-
» chables. Ecoutez Ponchard, et vous saurez
» tout ce qu'on gagne de charme à ne pas
» faire perdre une syllabe à ses auditeurs. »

Pour que la parole chantée arrive nettement à l'oreille de ceux qui écoutent, il faut
qu'elle soit mise bien en dehors et de façon à
ce que sans affectation, ni exagération, tous
les mots, toutes les syllabes, soient clairement articulées. Sans les isoler, on doit faire
en sorte que la note musicale ne couvre pas
l'émission de la syllabe prosodique à sa sortie.
On doit veiller également, à ce que, de son
côté, l'articulation de la parole n'assourdisse
pas la beauté, la sonorité de la voix elle-
même. C'est dans cette double combinaison
que réside la grande difficulté, comme aussi

le grand mérite d'une parfaite prononciation dans le chant.

L'*e* muet ne se trouve jamais au commencement d'un mot, mais il ne faut pas le supprimer des terminaisons féminines, ainsi que le font certains chanteurs, car c'est rendre par là notre prosodie plus difficile encore. On doit éviter l'exagération dans l'*e* ouvert.

L'*u* et l'*i* sont d'une émission fermée et pointue en même temps. Il faut en émousser le son et, dans certaines phrases, faire plus ou moins entendre *eu* et *é*.

Du reste, je dois dire, que, dans l'exécution, le chanteur habile et intelligent ne trouve guère de lettres difficiles, ni de voyelles sourdes, quand il connaît bien les procédés au moyen desquels on les lie adroitement à la note musicale; mais cela ne peut se démontrer que par l'exemple. Il est impossible, on le conçoit, de tout prévoir ou de tout indiquer par la simple théorie.

Les *ch* ne doivent jamais dégénérer en *j*, les *t* en *d*, les *f* en *v*, les *p* en *b*, et inversement, ainsi que cela se fait souvent par négligence. On doit faire sentir les doubles lettres comme dans reco*nn*aissance, li*tt*éra-

ture, innovation, immodéré, irrévocable, etc.,
mais éviter par dessus tout le sifflement des
s ou le roulement des r; c'est détestable à entendre, et en outre, du plus mauvais goût.
Grasseyer, bléser ou zézayer en chantant sont
des défauts très nuisibles à une bonne articulation, et dont il faut se corriger à tout
prix.

Pour être bien compris, bien entendu dans
une grande salle, on doit altérer légèrement
la prononciation des syllabes à double détente; ainsi, par exemple, dans les phrases
suivantes :

S'empresse à flatter mes désirs.

La mer qui brise sur la plage.

Plaisirs du rang suprême,
Eclat de la grandeur.

On doit plus ou moins faire entendre :

S'emperesse à felatter mes désirs.

La mer qui berise sur la pelage.

Pelaisirs du rang superême,
Ekelat de la guerandeur.

Je ferai observer, toutefois, que j'exagère

beaucoup, en l'écrivant, l'altération que je recommande, par la raison qu'il n'y a pas d'autre moyen d'en rendre la nuance appréciable. Pour bien faire, il faut seulement appuyer légèrement sur l'altération indiquée, autrement dit, faire entendre distinctement les deux mouvements de détente de la syllabe.

La manière de dire le récitatif doit se régler sur le caractère du morceau auquel il appartient, car il en est toujours, en quelque sorte, l'exposé ou le commentaire. Dans la musique sérieuse et de grand style, le récitatif doit être ample, bien posé, bien détaillé, et prendre en même temps une forme largement soutenue et accentuée. Dans la musique d'un genre vif et léger, il convient de lui donner un caractère piquant, clair, spirituel et en rapport avec le morceau lui-même.

Le chanteur intelligent sera toujours le meilleur juge de la façon dont il doit comprendre et dire un récitatif, Le chanteur inintelligent, dépourvu de tout sentiment musical et de goût, ne l'apprendra jamais bien.

Pour qu'une phrase de chant ait toute sa valeur, il est indispensable d'observer avec soin la valeur des *longues* et des *brèves* Dans l'intérêt de quelques notes particulières à leur gosier, beaucoup de chanteurs s'écartent malheureusement trop souvent de ce principe. Ils en abusent surtout dans la tenue immodérée des pénultièmes, procédé de mauvais goût, mais qui, par un suprême effort, arrache quelquefois du public des applaudissements tardifs et de mauvais aloi.

Je crois utile d'ajouter encore, que pour donner à un morceau de musique tout le relief qui lui revient, on doit principalement fixer l'attention de ceux qui écoutent sur sa partie essentielle, sur celle qui en rend la pensée la plus claire et la plus saisissante. Il faut assurément toujours chanter avec goût, avec expression, mais vouloir faire de l'effet partout au même degré, c'est risquer de ne réussir jamais. C'est donc dans la nuance, dans la couleur placée à point, dans l'articulation claire et correcte de la parole, dans la conduite habile et intelligente d'une phrase musicale, que doit résider ce charme qui se répand sur tout un auditoire quand le chanteur puise ses accents dans l'expression vraie et naturelle de sa voix.

Toutes les qualités que réclame comme mécanisme, comme style, et comme diction une parfaite éducation musicale et vocale, devraient trouver leur source dans les grandes écoles de musique. — C'est bien là, en effet, que pourraient se conserver et se propager les meilleures traditions de l'art, et c'est probablement aussi ce qui aurait lieu, si une pensée large et élevée, si une direction intelligente, active et dégagée de toute routine systématique, présidaient dans ces écoles à la conduite des études.

Il paraît que M. Duprez, le célèbre chanteur, pénétré de cette vérité, vient de faire disposer chez lui, à l'usage de ses nombreux élèves, une salle de spectacle avec tous ses accessoires. C'est dans ce gymnase dramatique et lyrique que, sous l'habile direction de ce grand maître, les élèves pourront désormais recueillir de précieuses leçons à tous les points de vue de l'art et de la pratique.

Pourquoi le Conservatoire de Paris ne suit-il pas cet exemple ? — Les ressources dont il jouit lui permettraient de mettre en œuvre sur une grande échelle la belle idée dont M. Duprez vient de prendre l'initiative.

Que d'excellents résultats les élèves, chanteurs et musiciens des classes supérieures, ne
pourraient-ils pas retirer de ces exercices dans
lesquels, les uns prenant sous une habile sur-
veillance les habitudes de la scène, appren-
draient à calculer l'étendue et l'usage de leurs
moyens ; tandis que les autres, à l'orchestre,
se formeraient à leur tour aux difficultés de
l'exécution et de l'accompagnement. Ce serait pour tous de perpétuelles et d'utiles répétitions de la carrière qu'ils sont destinés à
parcourir, et dans laquelle ils entreraient plus
tard habilement préparés.

Au dernier concours général, de grandes
réformes dans le règlement qui régit le Conservatoire de Paris ont été annoncées et pro-
mises. — Je consacre le chapitre suivant à
examiner avec attention cette nouvelle et
intéressante question.

CHAPITRE XII

CONSERVATOIRE DE PARIS

« ..... Je me suis préoccupé, pour ma
» part, et mon administration s'est préoc-
» cupée avec moi, d'améliorer les con-
» ditions de vos études, en introduisant
» dans l'organisation actuelle du Conser-
» vatoire certaines modifications que
» l'intérêt général a paru réclamer. —
» Un règlement nouveau se prépare et,
» répondant mieux, j'espère, aux besoins
» que le progrès a fait naître, il pourra
» bientôt être mis en vigueur, *et il vou-
» dra être ponctuellement observé*.....

Le maréchal VAILLANT, ministre de la mai-
son de l'Empereur et des Beaux-Arts.
(Distribution des prix du Conservatoire 6 août 1869.)

Dans la situation où se trouve aujourd'hui le Conservatoire de Paris, les paroles exprimées par M. le ministre des Beaux-Arts dans le discours qu'il a prononcé à l'occasion de la distribution des prix, le 6 août 1869, ont une grande importance. Elles témoignent, du moins, de l'intérêt qu'il porte à ce grand établissement, qui devrait être le premier dans son genre par les ressources de toute nature qui l'entourent et dont il dispose à son gré.

Je ne m'occuperai pas ici de la partie de ce
discours qui a rapport aux classes de composition ou aux études instrumentales. — Cela
ne concerne pas le sujet que je traite, et je
laisse à d'autres le soin d'en parler. — Mais
ce qui m'étonne, c'est de voir dans ce même
discours, la question du chant, celle qui est le
plus en souffrance, occuper une place presque insignifiante, et formulée, en outre, dans
des termes qui n'ont rien de pratique, et que
voici : « L'étude du solfège, dont l'importance
» majeure est incontestable, puisqu'elle pré-
» pare les bons chanteurs, en faisant d'eux
» de bons musiciens, sera désormais complé-
» tée par une étude spéciale de la vocalisation,
» et dans les classes de chant, les élèves se-
» ront tous les ans soumis à un concours de
» vocalise à première vue. » Rien de plus.
Des organes très accrédités, très influents
dans tout ce qui touche aux questions de ce
genre ont applaudi des deux mains à l'heu-
reuse idée de soumettre les élèves de chant à
cette dernière épreuve. J'applaudis aussi avec
eux, mais je le fais cependant avec quelques
réserves, car je ne vois pas que la mesure en
question puisse mettre un terme efficace au

délabrement dans lequel est tombé tout le système actuel d'enseignement. Je vais m'expliquer là-dessus.

Ainsi que je viens de le dire, on paraît généralement attacher une très grande importance, pour les élèves de chant, aux lectures
musicales à première vue. Rien de mieux, assurément, que de rendre autant que possible
ces élèves parfaits musiciens ; mais, ces parfaits lecteurs n'en seraient pas moins pour
cela de très médiocres chanteurs, si par un
travail spécial, *travail indépendant du solfége*,
leur voix n'était rompue à toutes les difficultés de la vocalisation. J'entends par là, corriger ses défauts, suppléer habilement à ce
qu'elle peut avoir de défectueux, ajuster ses
parties faibles, tirer parti de tous ses avantages, régler la respiration, assouplir l'organe,
assurer la justesse, former le style, le bon
goût, et enfin tout ce qui constitue chez un
chanteur une parfaite exécution ; toutes choses qui appartiennent à la partie mécanique
du gosier, et qui ne sont plus du domaine du
solfége.

Il y a eu de grands artistes au théâtre, des
chanteurs admirables qui eussent été peut-

être de pauvres lecteurs en musique. Quand
par la magnificence et la sublime expression
de leur chant, les Catalani, les Garat, les Rubini et tant d'autres encore, portaient l'en-
thousiasme du public à son comble, ce public
ne s'informa jamais si ces merveilleux chanteurs étaient capables, oui ou non, de chanter
une vocalise à première vue, ce que beaucoup d'entr'eux n'eussent probablement pas
voulu faire.

J'admets, ainsi que je le dis plus haut, que
pour être bon chanteur on doive être bon musicien. Mais faut-il seulement entendre par là
des chanteurs qui déchiffrent tout à livre ouvert, ou bien ceux qui comprennent toute la
valeur, tout l'esprit, toute la poésie de la langue musicale, et qui disposant, en outre, de
toutes les ressources que donne une excellente
vocalisation, savent faire valoir toute la pensée, toute la beauté de cette langue ; qui l'in-
terprêtent, enfin, avec ce charme entraînant,
cette expression et cette éloquence sympathique et communicative de la voix qui sont le
privilége exclusif des grands artistes, et que
les plus parfaites leçons du solfége ne peuvent
donner ?

En musique tout ce qui tient à la partie
instrumentale a fait de nos jours de très-re-
marquables progrès. Instruments, instrumentistes et méthodes d'enseignement, tout a marché rapidement en avant. — L'art du chant
seul a reculé dans la même mesure. A l'époque
où nous sommes, les instrumentistes en tout
genre doivent, non-seulement pour percer,
mais même pour se soutenir, avoir du talent,
et savoir convenablement utiliser les ressources mécaniques de l'instrument dont ils jouent.
Pour les chanteurs on n'en demande pas autant. A l'orchestre, le moindre musicien à
cent francs par mois et qui exécute régulièrement sa partie, en sait souvent dix fois plus
que le chanteur à gros appointements qui, de
la scène, mutile et défigure la sienne au
grand contentement du public qui l'écoute
et l'applaudit.

Je sais parfaitement que dans le chant on
ne crée pas les grands artistes par le seul
travail méthodique de la voix. En dehors de
ce travail, il faut aussi des qualités naturelles, innées, indispensables, malheureusement
bien rares, et dont la réunion produit ces

merveilleuses exceptions qui ont fait la juste admiration de leur époque.

Garat, dont j'ai plusieurs fois cité le nom, fut un de ces types exceptionnels. On pourrait même presque dire de lui, qu'il avait, dans son genre, le génie du chant. Ce qu'il était, il le devait uniquement à la nature et à l'accent incomparable de sa voix. Non-seulement il n'avait jamais connu le travail, mais il ignorait même les règles les plus élémentaires de la musique. Il chantait comme chantent les rossignols, c'est-à-dire d'une manière parfaite. Indépendamment du charme ravissant de l'organe, il y avait aussi chez lui le goût, le style le plus pur, joints à une agilité de vocalisation des plus extraordinaires. De l'avis de tous ceux qui l'ont entendu, et cela m'a été dit par des juges éminents, ce fut la plus parfaite expression, la plus sublime éloquence du chant que l'on puisse imaginer.

Garat était donc une organisation à part, presque unique. Ce que la nature lui avait pour ainsi dire donné gratis, d'autres, ou à peu près tous les autres, même les mieux doués, doivent l'apprendre avec peine et patience. Mais que produiraient encore les plus heureuses dispositions livrées aux contre-sens d'un mauvais enseignement?

A moins d'être un Garat, c'est donc par le travail que l'on peut arriver au développement progressif de tous les avantages que la nature nous a faits, et aspirer par là au vrai talent. — Les Garcia, les Rubini, les Malibran, les Duprez, et tant d'autres chanteurs illustres étaient, eux aussi, merveilleusement doués, mais c'est cependant par l'usage admirable qu'ils ont su faire de ces dons particuliers, qu'ils se sont élevés à la hauteur où nous les avons vus, et ils l'ont fait par de longues et de laborieuses études.

Pour que ces études atteignent leur but il faut de l'ordre dans la direction qu'on leur donne, et ce n'est pas précisément par là, à ce qu'il paraît, que se distingue le Conservatoire de Paris, où chacun fait, à ses risques et périls, à peu près ce qui lui plaît.

Par un règlement bien compris on devrait donc renfermer dans un cadre définitif le programme des études du chant. A leur tour, élèves et professeurs devraient s'y conformer. Sans avoir la prétention de dire ici le dernier mot dans une question qui réclame un sérieux examen, j'ai cependant essayé de dessiner à grands traits dans le chapitre VI, TRAVAIL DE LA VOIX, le cercle de ce programme. Ainsi qu'on l'a vu, je l'ai divisé en trois catégories que je classerai comme suit :

3me Division. — Formation, ajustement de la voix.

2me Division. — Régularisation, développement en tous sens et sous toutes les formes de ce premier travail.

1re Division; classe supérieure. —Vocalises variées de toutes les écoles, exécution musicale, style, diction et exercices lyriques (1).

Je n'ai rien à ajouter à ce que j'ai déjà dit sur le genre spécial de travail qu'il conviendrait de suivre dans chacune de ces catégories.

D'ailleurs une *méthode* de chant unique et adoptée une fois pour toutes par le Conservatoire, devrait contenir un choix d'exercices progressifs, et parfaitement combinés pour chaque catégorie. — Cette *méthode*, dégagée

_____

(1) Inutile de dire que chaque classe devrait encore se subdiviser en autant de groupes que le réclamerait la force des différents élèves de la même catégorie.

de tout système particulier, devrait être claire, concise et pratique.

Pour des motifs que j'expliquerai plus loin, la 3me division, *classe élémentaire de vocalisation*, n'aurait à s'occuper sérieusement que du travail de la voix proprement dit.

Dans la seconde division, la théorie de la musique et les règles de la composition seraient déjà dans une certaine mesure, expliquées aux élèves (1).

Dans la première division ce travail serait nécessairement continué et rendu plus complet Dans cette dernière classe, toutes les branches essentielles de l'enseignement supérieur et général de la musique et du chant, seraient simultanément démontrées et autant que possible mises en pratique. — Par ce moyen les élèves élargiraient forcément le cercle de leurs études et de leurs connaissances. Ce travail les mettrait en rapport avec le genre et les idées des grands maîtres des différentes écoles, et de cette manière ils

(1) J'entends par là un *cours complet d'harmonie*; pour ne pas trop compliquer le travail des élèves, on pourrait diviser ce cours en deux parties, dont l'une pour la seconde division, l'autre pour la première.

deviendraient par degré d'excellents musiciens dans toute l'étendue du mot.

Comprenant mieux tout ce qui constitue l'esprit et la forme de la musique, ces élèves ne seraient plus, dans le chant, de simples ouvriers plus ou moins habiles du gosier, de simples débitants de notes, mais de vrais artistes, de consciencieux, d'éloquents interprètes de la belle langue qu'ils ont pour mission de nous faire connaître et admirer.

Il n'y a pas à s'occuper ici des détails règlementaires du rouage intérieur. — Cela irait loin. — La division des heures de travail, la durée des études, les conditions d'admission, l'organisation des classes de grammaire et autres, destinées à l'instruction scolaire des élèves qui en sont privés, etc. Toutes ces questions accessoires, d'une grande importance, sans doute, ne rentrent cependant pas directement dans mon sujet. Une seule, celle des examens et des récompenses, mérite toutefois notre attention, parce qu'elle se rattache immédiatement à la partie des études et à leurs résultats.

Des examens semestriels, faits avec soin,

décideraient seuls de l'avancement des élèves d'une classe dans une autre.

Des examens publics ou concours généraux auraient lieu une fois par an. Dans chaque division, toutes les branches dont se composerait l'enseignement particulier à chacune d'elles, entreraient dans le programme de ces examens. A mérite égal comme vocalisation, les élèves qui se distingueraient d'une façon marquée dans toutes ces branches auraient la préférence dans les récompenses. Toutefois, comme il s'agit ici de chant, avant tout, ceux dont la supériorité, *comme chanteurs*, serait incontestable, primeraient les autres, quoique inférieurs dans le reste.

Ainsi que cela se pratique dans les colléges ordinaires, des prix seraient distribués par divisions, savoir :

3ᵐᵉ *division*. — 1ᵉʳ et 2ᵐᵉ prix. — Vocalisation élémentaire.

2ᵐᵉ *division*. — 1ᵉʳ et 2ᵐᵉ prix. — Vocalisation compliquée, exercices de la voix à tous les degrés et sous toutes les formes.

1ʳᵉ *division*. — Classe supérieure, 1ᵉʳ, 2ᵐᵉ et 3ᵐᵉ prix. — Théorie musicale, lectures mu-

sicales à première vue, vocalise et morcean
de chant de concours, exercices lyriques.

Le programme des classes de femmes devrait être le même que celui des hommes.

LE GRAND PRIX DE CHANT, récompense
unique, ne pourrait être disputé que par les
trois derniers lauréats dont nous venons de
parler. Pour ce *prix d'excellence*, trois morceaux de chant formeraient l'ensemble de l'é-
preuve. Ces morceaux, désignés deux mois à
l'avance (1), seraient choisis dans trois genres différents, et pris dans les œuvres des
grands maîtres (2).

1º Musique allemande pour le genre posé,
large et classique ;

2º Musique italienne pour le genre mélodique et fleuri ;

(1) Dans cette épreuve, il ne faut pas qu'il y ait de
surprise pour l'élève. Pour arriver à une excellente
exécution des morceaux qu'on lui propose, pour
montrer tout ce qu'il sait faire, comme musicien et
comme chanteur, il doit avoir le temps d'en étudier
avec soin tous les détails.

(2) Comme les voix primées, d'hommes ou de femmes, appelées à cette épreuve, pourraient être d'un
régime différent, on choisirait pour chaque catégorie
de voix des morceaux particuliers, mais autant que
possible de difficulté égale.

3° Musique française pour la prosodie, le style et le genre expressif et dramatique.

La supériorité bien constatée de l'élève dans ces trois genres serait couronnée du GRAND PRIX DE CHANT. Cette supériorité devrait résider dans le style, l'expression, la justesse, la beauté de la voix et dans l'intelligence particulière avec laquelle serait comprise et rendue l'exécution des trois différents genres dont nous venons de parler (1).

Un grand prix de chant conquis de cette manière aurait une grande valeur pour celui qui en aurait été jugé digne. On peut même ajouter qu'une éducation vocale et musicale formée dans les conditions que je propose, et qui aboutirait au résultat que je viens de dire, produirait, non-seulement des chanteurs d'une très-grande habileté à tous les points de vue, mais aussi des musiciens consommés, et tels qu'on est en droit d'en attendre d'un établissement aussi considérable que le Conservatoire de Paris.

Pour que la plus irréprochable justice présidât aux examens généraux et à la réparti-

(1) Les deux lauréats battus dans cette grande lutte, prendraient tout naturellement alors le rang et le titre de 1er et 2e prix de chant de leur division.

tion à tous les degrés des récompenses an-
nuelles, le grand jury qui en serait chargé devrait être pris en dehors du Conservatoire (1),
non que je veuille suspecter l'impartialité ou
la compétence des membres que l'on pourrait
prendre dans son sein, mais parce qu'avec les
plus loyales intentions du monde il pourrait
cependant arriver que les professeurs attachés
au Conservatoire n'éprouvassent involontairement une certaine prédilection pour quelques-uns de leurs élèves, formés par leurs
soins et à leur école.

Par une tolérance inconciliable avec le caractère de supériorité qu'un établissement
comme le Conservatoire de Paris devrait toujours conserver sur tous les autres du même
genre, on admet aujourd'hui aux concours
généraux des élèves formés ailleurs, et qui
n'appartiennent au Conservatoire que par
une inscription prise, pour ainsi dire, au dernier moment. C'est un abus qu'il est urgent
de faire disparaître.

Je me permettrai de faire encore l'observation que voici : pourquoi, au Conservatoire,

(1) Inutile de dire cependant que le directeur du
Conservatoire en aurait, de droit, la présidence.

avoir systématiquement exclu les femmes du
professorat, quand il y en a de si habiles pour
cela ? Que de secrets, que de procédés de vocalisation dont disposent les grandes chanteuses, et qu'elles seules peuvent enseigner.
Je soutiens, et de célèbres autorités l'ont dit
avant moi, que pour l'élève arrivé à une certaine force, la démonstration par l'exemple
devient absolument indispensable.

Or, que peuvent pour cela des professeurs
expérimentés sans doute, mais dont la voix
ne se prête plus aux divers mouvements de
la vocalisation (1), et qui, par conséquent,
n'ont personnellement plus les moyens de
faire entendre à leurs élèves ce qu'ils sont
appelés à leur démontrer ? — C'est surtout
dans les classes supérieures de vocalisation
et d'exercices lyriques, que les leçons des
grandes artistes ont pour les femmes une importance incontestable, et dont il est superflu
de signaler l'utilité.

Un dernier mot sur la question des solféges.

Je crois m'être déjà clairement expliqué
là-dessus. — Le solfége est, en quelque sorte,

(1) Beaucoup de ces voix ne s'y sont même jamais
prêtées.

pour les chanteurs comme pour les instrumentistes, le point de départ obligé de toute
bonne éducation musicale; mais par la façon
dont cette question est présentée dans le
discours dont nous avons parlé, et dans les
commentaires que j'en ai lus, il y a confusion
de deux choses qui doivent occuper une place
particulière (1). — L'étude du solfége est une
de ces choses (2), le travail spécial de la vocalisation en est une autre ; les amalgamer ensemble c'est engendrer le trouble dans l'enseignement.

De même qu'un élève qui se présente dans
un collége pour y recevoir l'instruction uni-

(1) Je viens de lire récemment ce qui suit (11 jan-
vier 1870) dans un des grands journaux de Paris,
dont les feuilletons de musique ont, en général,
une certaine valeur : « Un arrêté de M. le maréchal
» Vaillant rétablit au Conservatoire la classe de vocalisation »…. Que signifie cela ? Il doit y avoir là
confusion d'idées ou de langage. Comment concevoir, en effet, une école spéciale de chant privée de
classe de vocalisation ? C'est absolument comme si
on disait que, dans les grandes écoles de cavalerie,
on vient de rétablir les leçons d'équitation, dans les
écoles de médecine les cours d'anatomie, dans les
grands séminaires les classes de théologie, etc.
Evidemment cela n'aurait aucun sens.

(2) Je dis solfége, ou toute autre méthode d'enseigner la musique.

versitaire, doit savoir parfaitement lire et
écrire, de même il faut aussi admettre en principe, et comme première condition, qu'un
élève qui se présente dans une classe spéciale
de vocalisation doit être déjà suffisamment
musicien pour y entrer.

C'est donc à dessein que j'exclus de la
troisième division de mon programme (*celle de
la formation et de l'ajustement de la voix*) les
lectures musicales à première vue. Ajoutons
en outre, que pour cette première partie des
études, les élèves n'ont pas trop de tout leur
temps et de tous leurs moyens, surtout quand
à ces études il faut ajouter celles du piano,
celles des classes scolaires, etc.— Je crois d'ailleurs avoir assez démontré, que le travail suc-
cessif et général de la voix, s'il est bien conduit, et s'il est tel que je l'indique, doit nécessairement finir par donner au plus grand
nombre des élèves, ce que le solfége aurait pu
avoir laissé d'incomplet.

Conformément au titre que porte mon livre, je n'ai eu à m'occuper d'une manière
sérieuse que de l'*art du chant,* proprement
dit, et de l'*école actuelle.* Quant à la question
particulière des solféges, elle ne pouvait en-

trer qu'accessoirement dans le plan de ce
travail. — D'ailleurs, cette question a déjà
été examinée et discutée bien des fois par des
hommes très compétents pour cela; c'est à
eux que revient le soin de la résoudre.

Plusieurs systèmes sont en présence, la
vieille méthode, celle des solféges, et celle
plus moderne, connue sous le nom de méthode
Galin-Paris-Chevé. Par la durée et le genre
des études, la première a souvent l'inconvénient de fatiguer prématurément l'organe
vocal des élèves. — La seconde, s'adressant
plus directement à l'intelligence et au raisonnement, a le double avantage de donner
des résultats plus immédiats et plus généraux.
Par les procédés qu'elle emploie, les élèves
apprennent, non-seulement la partie mécanique de la musique, mais aussi quelques-unes
de ses règles fondamentales.

Il n'est pas sans intérêt d'emprunter à
Galin lui-même quelques lignes de son livre
sur *l'enseignement de la musique*, et qui fait
connaître une des règles particulières de sa
méthode. — « *Ut*, dit-il, est toujours pris pour
désigner la tonique à quelque ton que l'on
chante (en mode majeur), le *mi* pour désigner

la médiante , le *sol* la dominante, etc. Ces
noms ne sont pas ici comme dans la méthode
ordinaire pour rappeler des sons fixes à l'esprit; propriété qu'ils ne sont pas susceptibles
de prendre. Si les musiciens étaient blessés
d'entendre nommer *ut* en solfiant le son qu'ils
appellent *sol* ou *mi* sur le piano, il serait facile
d'y remédier ; il faudrait alors changer les
syllabes de notre gamme *ut, ré, mi, fa, sol, la,
si,* pour les rendre génériques, au lieu de spécifiques qu'elles sont à leurs yeux. — Il faudrait y employer ou des noms de lettres *c, d,
e, f, g, a, b,* comme les Anglais et les Allemands, ou des noms de nombre, comme *1, 2,
3, 4, 5, 6, 7.* — Mais véritablement, je ne
crois pas que ceci vaille la peine de faire une
innovation..... » (1).

On propose aussi d'introduire dans l'enseignement musical deux langues distinctes
l'une *modale* pour les chanteurs, l'autre *tonale*
pour les instrumentistes. — D'après cela, ces
derniers conserveraient l'ancienne formule

---

(1) P. GALIN, *Exposition d'une nouvelle méthode pour
l'enseignement de la musique* (Ed. de Paris 1818, pages
39, 40.)

13

ut, ré, mi, fa, sol, la, si, les chanteurs, au contraire, en adopteraient une nouvelle, celle de *Galin-Paris-Chevé,* s'exprimant par *to, lu, mé, nou, di, ra, san.*

M. Pierre Bos, dans l'*Echo de la Sorbonne,* en présente une autre sous la forme que voici :

Ton, ra, mé, fi, do, lu, san. Je suis loin pour ma part de critiquer ces inventions dont peut sortir, malgré tout, quelque chose de bon; elles n'ont cependant pas selon moi, toute la vertu qu'on leur attribue (1).

La véritable difficulté pour l'élève, n'est pas tant de connaître le nom que l'on donne à tel ou tel signe musical, que d'en fixer solidement le son dans l'oreille, et par conséquent dans la voix.

Les partisans de la nouvelle méthode pen-

---

(1) Dans sa méthode, P. Galin a toujours conservé l'ancienne dénomination. Les Allemands qui sont généralement de bons musiciens, emploient indistinctement pour les chanteurs comme pour les instrumentistes leur vieille méthode alphabétique *c, d, e, f, g, a. b,* et ils s'en trouvent bien. Dans nos cours de solfége, on remplace le mot *ut* par le mot italien *do,* plus doux à l'oreille et plus favorable à l'émission de la voix.

sent au contraire, que son application aplani-
rait toutes les difficultés de l'enseignement.
Pour ne pas les contredire, accordons-le leur
jusqu'à un certain point, bien entendu. Mais
alors, pourquoi ne prend on pas tout de suite
le système proposé depuis si longtemps par
M. Framery (2), et qui détermine d'un seul
coup, et par un nom particulier le degré et le
mode de la note ? Ainsi pour *ut, re, mi, fa,
sol, la, si*, il dit :

Ta, ra, ma, fa, sa, la, ja, pour les bécarres.
Te, re, me, fe, se, le, je, pour les dièzes.
To, ro, mo, fo, so, lo, jo, pour les bémols.

Si l'on tient à changer le vocabulaire vocal,
cette dernière formule est, sans contredit, la
plus ingénieuse.

Sans qu'il soit besoin de le dire, on comprendra que c'est dans le Conservatoire, lui-
même, que devrait se former avec soin l'éducation musicale et rudimentaire des élèves.
Une classe spéciale, et portant le nom de
classe de solfége, devrait être instituée pour
cela. Les examens particuliers et publics, l'a-

---

(1) M. Framery a été un des collaborateurs de
l'Encyclopédie.

vancement et la distribution des récompenses seraient soumis à des conditions que le règlement déterminerait.

Ce que j'espère avoir réussi à démontrer dans ce qui précède, c'est que dans les grandes écoles de musique il doit y avoir dans l'enseignement deux branches ou deux sections distinctes et particulières.

A l'une le soin de former par les meilleures méthodes connues de bons musiciens, et tout préparés pour les classes spéciales de chant ou d'instruments. — Cette section est celle du *solfége*, avec ses professeurs particuliers.

A l'autre, pour ne parler que des chanteurs, revient la mission difficile de former des voix par le travail spécial de la *vocalisation*, travail qui n'a rien de commun avec le solfége, et pour lequel l'expérience et le talent des grands maîtres de chant deviennent indispensables.

Il est donc essentiel, on le voit, de ne pas confondre dans le travail de la voix, le professeur de solfége, avec le vrai professeur de chant ou de vocalisation, car tout ce

qui n'est plus du solfége est, à tous les degrés,
de la vocalisation (1).

Pour mieux définir encore mon raisonnement par un point de comparaison, je dirai,
que le premier est l'ouvrier qui forge et prépare le métal, l'autre est l'artiste habile qui
le façonne, le taille, le polit et lui donne
enfin ces mille variétés de formes qui font
souvent notre admiration.

Nous dire, comme on l'a fait, « que l'étude
» du solfége sera dorénavant complétée par
» une étude spéciale de la vocalisation, »
c'est à peu près, comme si dans un discours
officiel, M. le Ministre de l'instruction pu-
blique venait nous annoncer que les classes
des écoles primaires seraient désormais
complétées par des cours de grec, de latin,
de philosophie etc., ce qui serait incohé-
rent.

En terminant ce chapitre, je crois devoir
rappeler, que pour devenir un grand artiste
il ne suffit pas seulement d'exécuter la mu-

---

(1) On peut affirmer que les grands maîtres de
chant, ceux qui sont dignes de prendre et de porter
ce nom, ne se prêteraient certainement pas à démontrer le solfége.

sique avec plus ou moins de talent mécanique. — Il y a encore de grandes qualités
à obtenir en dehors de la musique elle-même.
—Elles s'y rattachent cependant par les liens
qui rendent tout solidaire dans les arts. —
Je veux parler de tout ce qui constitue en
général une bonne et solide éducation, de
tout ce qui développe l'intelligence, élève
l'imagination, et dont il faut chercher la
source dans une instruction variée, étendue
et soignée.

Le discours dont nous avons parlé au commencement de ce chapitre vient en partie
au devant de nos observations, puisqu'il dit
« qu'une classe de grammaire, de littérature
» dramatique et d'histoire théâtrale offrira
» aux élèves un utile complément d'instruc-
» tion. — Les instrumentistes pourront et
» voudront sans doute, en profiter, mais ce
» qui ne sera qu'une faculté pour eux et
» un droit, sera pour tous les autres une
» obligation et un devoir. » — Parmi *tous*
les autres, il faut probablement ranger aussi
les élèves de chant. — Espérons que ceux-ci,
comprenant leurs véritables intérêts, accep-
teront avec empressement les moyens d'ins-

truction qu'on met à leur disposition, et qu'ils sauront en profiter.

Ce programme pourrait certainement être élargi dans quelques-unes de ses parties, il serait peut-être utile d'y ajouter un cours de langue allemande, et de langue italienne surtout.— Mais enfin, tel qu'il est, il présente déjà dans son ensemble de notables améliorations dont il faut reconnaître toute la valeur. Il ne reste plus maintenant qu'à exprimer le vœu de voir exécuter d'une façon régulière et suivie tout ce qu'il promet.

CHAPITRE XIII

DERNIERS CONSEILS

> « ...... Je ne prétends pas expliquer
> » tout ce qu'on peut pratiquer, parce
> » que le texte serait trop long et pour-
> » rait embarrasser les élèves. Ceux-ci se
> » feront expliquer par leurs maîtres ce
> » qu'ils ne comprendront pas.... »
>
> MANUEL GARCIA, *Exercices pour la voix*
> dédiés à Mme la baronne Merlin.

Celui qui se livre à de sérieuses études de chant doit pouvoir y mettre le temps, et consacrer deux ou trois heures par jour à un travail suivi et bien fait. Ce travail doit être divisé en deux séances ; l'une le matin, l'autre l'après-midi. Une partie de ces séances sera employée à des exercices variés de vocalisation ; l'autre partie, à chanter des airs choisis, dont l'exécution devra être aussi soignée que possible, tant sous le rapport du goût que de la prononciation et du mécanisme.

Huit à dix minutes d'un travail soutenu

demandent un instant de repos. Il faut habituer l'organe à acquérir de la résistance,
mais il est prudent aussi d'éviter la fatigue.

Il est dangereux, après le travail, de passer rapidement d'un air chaud à une tempéra-
ture froide : l'enrouement subit pourrait en
résulter. Les précautions exagérées rendent,
sans doute, le tempérament des chanteurs
trop impressionnable, mais, en revanche, les
imprudences inutiles sont également nuisibles. On doit, par conséquent, se préserver
des unes et des autres.

Dans le travail habituel, la voix doit être
exercée dans le rayon dont elle dispose librement et sans effort. Vouloir, par exemple,
dans chaque exercice parcourir toute l'étendue de son échelle vocale, c'est risquer, à coup
sûr, d'en altérer promptement le charme et
la fraîcheur. De temps en temps, seulement,
on touchera aux notes les plus élevées pour
s'assurer de leur présence et de leur conservation. Il demeure compris, cependant, que
dans les vocalises proprement dites, la voix
devra se conformer à toutes les exigences du
morceau lui-même.

L'étude du trille doit se faire principalement

dans la partie moyenne de la voix, et, de préférence, sur les notes de la *voix mixte*.

Le chanteur au travail, et particulièrement devant le public, doit s'écouter, chanter avec beaucoup d'attention, et chercher à se faire plaisir à lui-même.

On est rarement devant le public ce qu'on est seul à l'étude et devant son piano. — On devient alors ou beaucoup meilleur ou beaucoup moins bon. — L'émotion double quelquefois les moyens ou elle les paralyse. Cela tient à la façon dont elle agit. Si elle élève et passionne l'imagination du chanteur sans compromettre l'indépendance de son esprit, elle stimule, elle augmente ses ressources ordinaires et leur donne une énergie inaccoutumée. Si, au contraire, la peur détruit cette indépendance, le cerveau et l'oreille se troublent, la gorge se resserre, se dessèche, les cordes vocales s'altèrent, tout devient confus, et, dans cette situation, le chanteur perd la meilleure partie de ses moyens.

Celui qui redoute l'approche d'un passage difficile le manque ordinairement, quoiqu'il en soit parfaitement sûr pour lui-même. Avec un vrai talent, on doit chanter avec confiance, avec conviction, et, en quelque sorte, dominer le public sans se laisser dominer par lui.

Le public qui écoute veut, avant tout, jouir à son aise. Le chanteur qui tremble, l'inquiète et le refroidit. Il aime bien mieux celui qui l'aborde librement et sans crainte, car il profite de tous les avantages de son talent.

A moins de posséder une de ces organisations incomparables, dont l'inspiration spontanée arrive quelquefois au sublime, on doit rarement, devant le public, se livrer au hasard et se confier à l'imprévu. C'est en demeurant maître de soi, même dans les situations les plus fortes, les plus pathétiques, que l'on fait avec certitude une juste distribution de ses moyens et qu'on arrive aux plus grands effets.

Dans la carrière artistique, les grands succès imposent de sérieuses obligations à celui qui les obtient. Il n'est pas toujours difficile, en effet, de s'élever parfois à une certaine hauteur ; ce qui l'est beaucoup plus, c'est de s'y maintenir à la longue.

Rester stationnaire dans les arts, c'est être à la veille de reculer. — Il faut donc travailler avec discernement à conserver non seulement ce qu'on possède déjà, mais aussi à le perfectionner toujours.

La monotonie dans le chant engendre l'ennui chez ceux qui écoutent. — L'absence d'accent, d'onction, de sentiment, de vibration dans la voix, ou bien encore l'uniformité du timbre dans les différentes phrases musicales, en sont la principale cause.

Les chanteurs médiocres sont toujours satisfaits d'eux-mêmes; le vrai talent l'est bien rarement. — Il connaît exactement tout ce qu'il vaut, mais il sait en même temps ce qui lui manque et il ne se trompe jamais sur la valeur et la signification des applaudissements qu'il reçoit.

Pour chanter et phraser avec douceur, on doit avoir conservé toute la fraîcheur, toute la puissance de sa voix. Les chanteurs fatigués, épuisés, n'ont plus à leur disposition que des notes sourdes, avariées et dépourvues de souplesse, de tenue et d'agrément.

Pour racheter ce qui manque à la partie essentielle de leur voix, beaucoup de femmes abusent trop souvent des notes de tête du registre aigu. D'un médium décoloré, la plupart passent tout à coup à des sons d'un éclat exagéré, et qui n'ont aucun rapport ni aucune liaison avec le reste. Ce sont des expédients d'un mauvais genre destinés ordinairement à couvrir l'insuffisance réelle des moyens que l'on possède.

Un mauvais professeur de chant doit être congédié sans retard. Chacune de ses leçons apporte nécessairement quelque nouveau défaut à ceux que l'on possède déjà et en rend le redressement de plus en plus difficile. Une voix agréable et intelligente vaut mieux avec son charme naturel, que le genre faux et prétentieux que l'on puise dans un mauvais enseignement.

On doit s'attacher à chanter avec goût jusqu'au moindre exercice. Cela donnera à la voix l'habitude des nuances, du sentiment et de l'expression. Que de chanteurs qui chantent bêtement et machinalement, et qui eussent peut-être possédé les qualités qui leur manquent, si, par des études intelligentes, ils eussent cherché la véritable expression, le véritable sentiment du chant dans les nuances, dans la couleur, dans le charme de la voix elle-même, et non comme ils le font plus tard, dans des effets de convention, dans des exagérations et des efforts de gosier qui ne touchent personne.

En chantant on doit se tenir debout, bien droit et bien d'aplomb sur les deux pieds, avoir les bras pendants et les épaules en arrière afin de laisser la poitrine parfaitement libre. La bouche doit être bien ouverte mais sans exagération.

Le rire immodéré fatigue le larynx; on doit l'éviter et s'abstenir aussi de beaucoup parler avant de chanter. Les conversations en voiture et en chemin de fer épuisent la voix et irritent la gorge. Un chanteur qui tient à conserver la délicatesse de son organe ne chantera jamais en plein air.

La gesticulation et une expression trop marquée du visage ne sont tolérables qu'au théâtre. Au salon ou dans un concert, le maintien, exempt d'affectation ou de raideur, doit être simple et naturel.

Rien n'est plus défavorable, sous tous les rapports, que de chanter immédiatement après le repas. En revanche, se mettre au travail à son lever, tout-à-fait à jeun, est également mauvais. Dans le premier cas, la digestion nuit au jeu de la respiration ; dans le second, la voix est ordinairement lourde, rude, plus ou moins enrouée et difficile dans le haut.

Les femmes qui serrent leur taille dans d'étroits corsets, perdent une grande partie des ressources de la respiration, sans compter les dangers qu'elles font courir à la santé elle-même.

Il est de la plus grande utilité pour le chanteur de jouer convenablement du piano. Il pourra commencer à s'y exercer dans la classe élémentaire de solfège, s'il ne l'a pas déjà fait avant.

Encore un dernier mot sur l'emploi de la respiration. Au début des études de chant on s'habituera tout de suite à respirer lentement, librement, sans bruit, sans effort, à ménager le souffle. « Les élèves, pour bien phraser, » dit Crescentini, « doivent habituer leurs pou-
« mons à économiser et à soutenir la respira-
« tion. » Et, plus loin, il ajoute : « ... C'est
« un faux principe de quelques chanteurs,
« de prétendre que, pour donner de l'expres-
« sion, il soit nécessaire de faire sentir le mo-
« ment où l'on respire ; il n'y a que peu de
« circonstances où le caractère du chant com_

« porte cette méthode. C'est dans les accès
« de fureur, de joie ou de douleur qu'on peut
« se permettre la respiration entrecoupée,
« apparente ou péniblement aspirée. » Or,
les circonstances dont parle Crescentini ne
peuvent guère se présenter qu'au théâtre.

On ne coupe jamais un mot, ni le sens
d'une phrase de chant par la reprise de la
respiration. Ceci est élémentaire.

CHAPITRE XIV

CONCLUSION

Ainsi que je crois l'avoir assez démontré, la *théorie* du chant est peu de chose, la *pratique* est tout. C'est pourquoi je pose *en principe absolu* que tout *bon* professeur doit savoir *bien chanter lui-même*, afin que, dans le cours de la leçon, il puisse non-seulement remédier aux imperfections naturelles et inhérentes à chaque voix, mais aussi démontrer par l'exemple à l'élève la meilleure manière de faire. Qu'obtiendra-t-il, en effet, je le demande, si, pour guider cet élève dans le travail si difficile du gosier et de l'oreille, il ne peut lui faire entendre que des accords de piano qui n'ont rien de commun avec la voix?

Je résume ici en deux mots tout ce que j'ai dit, en recommandant encore aux bons pro-

14

fesseurs (il n'y a rien à dire aux mauvais),
de surveiller avec la plus scrupuleuse attention l'usage gradué et bien dirigé de tous les
exercices qui conduisent au développement
complet de la voix, et aussi à son entière justesse, sans laquelle on n'arrive jamais au talent. Aux élèves, je conseille, enfin, s'ils veulent y parvenir, « de travailler avec soin et
« exactitude, et surtout, de s'armer d'avance
d'une grande dose de patience. »

Telle est la dernière recommandation que
le grand professeur Garcia, lui-même, adres-
sait à ses élèves, et que j'ai cru devoir rappeler ici en terminant.

TABLE DES MATIÈRES

Tableau

de l'étendue moyenne des différentes Voix (1)

Soprano.

Mezzo Soprano.

Contr'alto.

Ténor.

Baryton.

Basse-taille.

Exceptionnel.

Exceptionnel.

(1) Pour simplifier ce tableau j'ai écrit toutes les catégories de voix, sur la même clef.

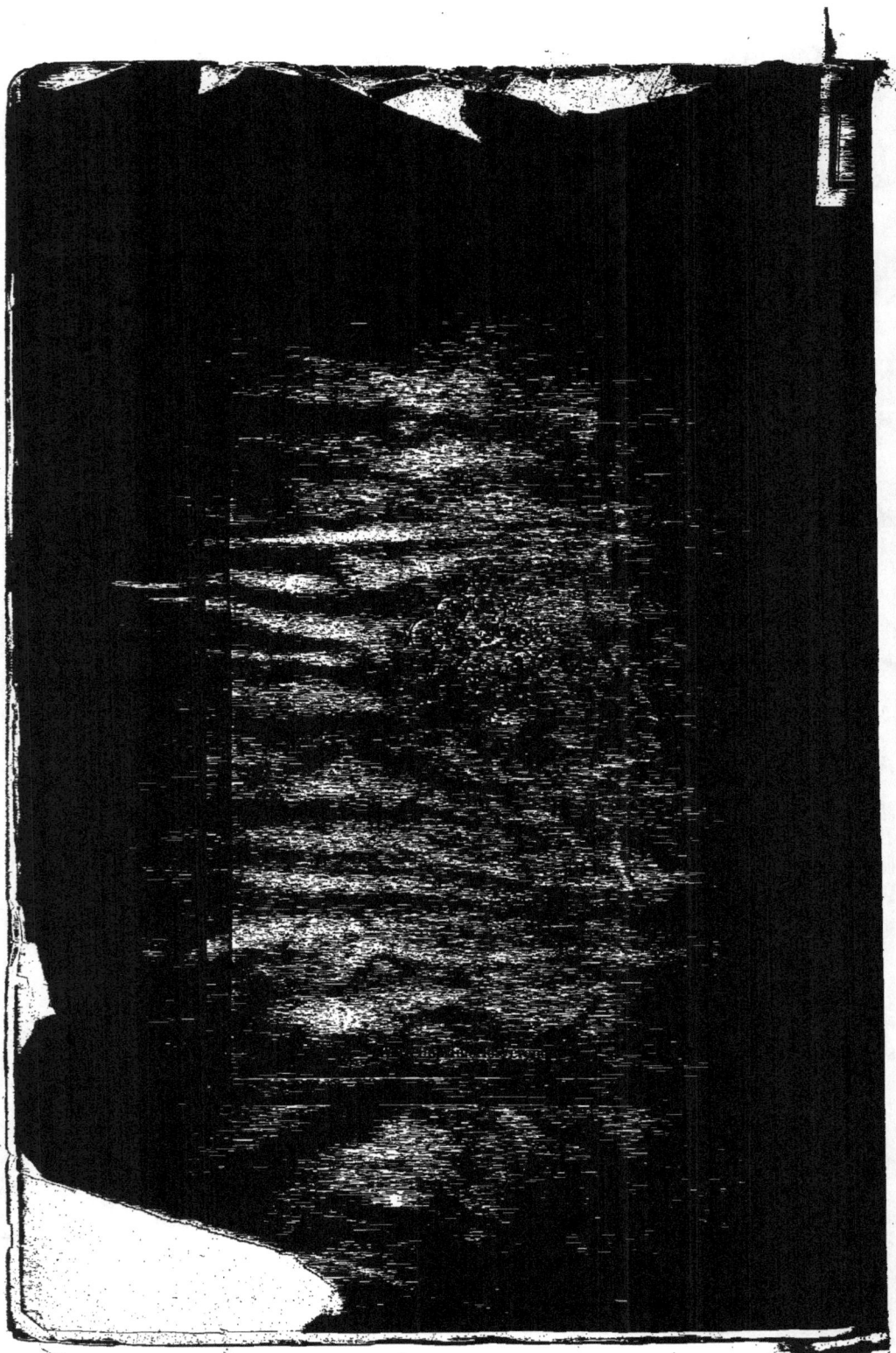